CLARIVIDÊNCIA

Teoria e Prática

Rodrigo Medeiros

CLARIVIDÊNCIA

Teoria e Prática

EDITARES

Foz do Iguaçu, PR, Brasil
2012

1ª Edição – Tiragem 1.500 exemplares.
1ª Reimpressão– Tiragem 2.000 exemplares. 2013.

Os originais desta edição foram produzidos e revisados através de editoração eletrônica (texto em *AGaramond 12,* títulos em *Frutiger 15,* 292.954 caracteres, 53.938 palavras e 2.005 parágrafos).

Editor: Ulisses Schlosser.
Revisão: Cristina Pimentel, Erotides Louly, Helena Araújo e Rosemary Salles.
Ilustração: J. Anderson.
Capa: Luciano Melo e Carla Thomasi.
Foto: Alexandre Marchetti.
Diagramação: Epígrafe Editorial.
Impressão: Edelbra Editora e Gráfica Ltda.

Dados Internacionais de Catalogação na Publicação (CIP):

M488c Medeiros, Rodrigo
Clarividência : teoria e prática. / Rodrigo Medeiros. — Foz do Iguaçu : Editares, 2012.
208 p. : il. ; 23 cm.

ISBN 978-85-98966-52-6 (broch.)

Inclui bibliografia

1. Conscienciologia. 2. Parapercepciologia. 3. Clarividência. I. Título.

CDD 133

Tatiana Lopes – CRB 9/1524

EDITARES

Associação Internacional Editares
Av. Felipe Wandscheer, 5.100, sala 107, Cognópolis
Foz do Iguaçu, PR – Brasil – CEP: 85856-530
Tel/Fax: 45 2102 1407
E-mail: editares@editares.org.br – *Website:* www.editares.org.br

AGRADECIMENTOS

Gostaria de agradecer a todas as pessoas com as quais tive a oportunidade de interagir nessa vida. Todos mesmo, intra e extrafisicamente. Para esse projeto em particular, deixo registrada a gratidão aos que deram apoio constante ou em fases específicas.

A Patricia Sousa, dupla evolutiva, esposa, amor da minha vida, e parceira nos empreendimentos conscienciais, representa definitivamente o apoio constante. As ideias, críticas e papel central na organização de tantos workshops, cursos, reuniões e viagens foram suporte fundamental nessa realização. Você é a inspiração e alegria, força e determinação, que bom ter te (re)encontrado nesta vida.

Agradeço aos voluntários da IAC, em especial à equipe de Miami, pelo companherismo e bons momentos no trabalho "ombro-a-ombro".

A Nanci Trivellato e Wagner Alegretti pela amizade, confiança, oportunidades, energias, ideias e experiência compartilhada.

A Kátia Arakaki pelo apoio no início da escrita e aos revisores conscienciólogos de várias organizações. Ao Ulisses, o editor, por todo o trabalho realizado, compreensão e apreço em relação à abordagem ulilizada no livro.

Waldo Vieira, por ter criado uma base teórico-prática para o estudo da consciência, por seus *insights,* por ensinar que "não há horizontes", por incentivar a aplicação da lógica além dessa dimensão, pelo acolhimento e força durante minha carreira conscienciológica.

Ao meu pai, Romero, por ler a obra com disposição, oferecer *feedback* e reportar experiências de clarividência após a leitura do livro. À minha mãe, Marlene, pela sabedoria e agudez de observação. Rafael, Aline, Yole, Leila, que, de uma maneira ou de outra, foram grandes companhias e pelo aprendizado em todos os tipos de situação. Ao Rogério, sogrão, pela leitura crítica, conversas e ideias apresentadas. À tia Elvira, pelos princípios de autossuperação apresentados em momento oportuno nessa vida.

Finalmente, aos amparadores extrafísicos, pelo apoio e inspirações – identificados ou não – ao longo de toda essa existência intrafísica.

Rodrigo Medeiros,
Londres, março de 2012.

SUMÁRIO

PREFÁCIO

A Visão Multidimensional

Fazer a apresentação desta obra tem significado especial para mim, uma vez que é um dos poucos livros na área da Conscienciologia que trata exclusivamente de um fenômeno parapsíquico.

Explorando o assunto da clarividência de modo amplo e, ao mesmo tempo, acessível, este livro tem potencial para suscitar uma série de futuros estudos e novas publicações que venham a contribuir para a expansão do conhecimento sobre o tema.

Destacam-se neste trabalho, em particular, os pontos a seguir:

O Fenômeno

A escolha do tema deste livro é oportuna, uma vez que, provavelmente, seja este o fenômeno parapsíquico mais conhecido e popular da História, tendo suscitado debates, controvérsias e pesquisas.

Embora a clarividência seja um dos fenômenos parapsíquicos mais comuns e possua grande número de registros casuísticos, paradoxalmente, é também uma ocorrência que gera preconceito e produz medo em muitas pessoas.

As causas dessas repercussões negativas são, em primeiro lugar, a ignorância sobre o fenômeno, seguida dos mitos fomentados sobre o mesmo desde há mais de 800 anos, quando do estabelecimento mais organizado da repressão e perseguição religiosas, no período da Inquisição. Ainda nos dias atuais, a ignorância e o preconceito persistem em emergir e as chacotas assolam os clarividentes ou os interessados no assunto.

Sob o pretexto da "clarividência", ações anticosmoéticas vêm sendo praticadas ao longo da História. Supostos clarividentes, aproveitadores da fragilidade alheia, instituíram-se como gurus e realizaram manipulações, afetando profundamente a vida de seus seguidores ou adoradores. Por outro lado, a perseguição e a condenação de parapsíquicos levaram fanáticos senhores da verdade absoluta a provocarem a dessoma de muitos.

A despeito de tais condições, a clarividência – fenômeno essencialmente positivo e pró-evolutivo – vem sendo utilizada desde tempos imemoriais ao modo de ferramenta para a realização de diversas formas de assistência, desde a localização de pessoas perdidas, através da visualização do ambiente em que estas se encontram, até a identificação de doenças físicas e de processos energéticos contaminadores do energossoma ou da psicosfera da consciência.

A História e a observação dos fatos revelam a necessidade premente de esclarecimento técnico sobre a clarividência, de modo a reduzir os medos quanto à visão da dimensão extrafísica e o *bullying* praticado pelas consciências físicas ou não-físicas a sensitivos, e a promover o uso produtivo de tal habilidade.

A clarividência é um fenômeno extremamente complexo, versátil e abrangente, com diferentes formas de manifestação. Os tipos de paravisão estão esmiuçados muito propriamente neste livro.

O autor explora a "clarividência pura", fenômeno-base clássico passível de ser desenvolvido e controlado, através do qual o indivíduo vê elementos não físicos, em geral, presentes no local onde este se encontra no dado momento (simulcognição). A partir desta habilidade, a "visão" de elementos reais não físicos pode permear a manifestação de outros fenômenos.

Assim, o desenvolvimento da clarividência pura poderá levar à potencialização e maior clareza na vivência de outros fenômenos parapsíquicos aos quais este fenômeno está associado ou é habilidade-base, tais como heteroscopia interna, clarividência viajora ou visão remota *(remote viewing)*, clarividência de morfopensenes pessoais ("visão" dos pensamentos de alguém) e outros. Alguns dos mais marcantes casos de psicometria e retrocognição não pessoal, por exemplo, dão-se quando as parapercepções incluem a visão das cenas da situação captada pelo fenômeno.

Vários autores ao redor do mundo vêm tratando do fenômeno *clarividência*. Tais literaturas tendem a ser setorizadas, com trabalhos voltados primariamente a relato de casos, apresentação de técnicas, ou descrições sobre as ocorrências comuns desta parapercepção. Alguns autores divulgaram ainda pesquisas através de artigos científicos.

Contudo, faltava-nos um material mais abrangente, desenvolvido à luz do paradigma consciencial, capaz de fornecer bases para a compreensão e desenvolvimento do fenômeno, sem ambiguidades, misticismos, ou superficialidades na abordagem. Aqui está ele!

O Livro

Apesar de abordar o tema com tecnicidade, o autor conseguiu criar um material que discorre sobre o mesmo de maneira informal, atendendo, portanto, tanto ao leigo quanto ao estudioso-experimentador. Assim, este lança bases para pesquisas, detalhamentos e derivações sobre aspectos específicos do fenômeno.

Clarividência: Teoria e Prática constitui material de referência, de leitura essencial para qualquer indivíduo interessado em desenvolver suas capacidades clarividentes. O leitor usufruirá de um conteúdo repleto de técnicas e informações práticas para o desenvolvimento da clarividência, juntamente com explicações fundamentais para a compreensão do fenômeno e evitação de fantasias.

O indivíduo que busca uma literatura prática e, ao mesmo tempo, esclarecedora quanto aos aspectos teóricos da clarividência tem aqui o material ideal. Diferente de outras obras que se propõem a serem teáticas (combinar teoria e prática), mas nem sempre conseguem alcançar seu propósito, a presente, de fato, o é. Seu título, portanto, é plenamente adequado.

O material é enriquecido com dados dos resultados de pesquisas realizadas inclusive pelo próprio autor, o que confere especial valor ao livro, uma vez que embasa e explica a raiz e o porquê dos conceitos relativos à clarividência.

O Autor

Rodrigo Medeiros revela neste livro alguns de seus trafores pessoais, como a lógica, comunicabilidade e tecnicidade. Lembro-me do dia que conheci Rodrigo, há cerca de 20 anos, quando ainda estávamos ambos integrados ao *staff* do Instituto Internacional de Projeciologia e Conscienciologia e ele se preparava para integrar o corpo docente da instituição. Durante a análise de sua exposição didática, vi, de imediato, que se tratava de um prodígio. A agudeza de observação e capacidade de argumentação eram evidentes desde então.

Mas, sem dúvida, a experiência com a pedagogia conscienciológica internacional junto à International Academy of Consciousness (IAC), onde Medeiros vem atuando há 1 década, facultou especial amadurecimento à sua atuação.

As técnicas pedagógicas e o estilo de ensino pragmático empregados pela IAC ao redor do mundo estampam-se nas páginas deste livro e conferem ao mesmo uma comunicação didática eficaz, que engaja o leitor e o motiva a investir no seu desenvolvimento parapsíquico.

Segundo minha experiência de quase 23 anos com a pesquisa e pedagogia conscienciológica, com o trabalho técnico no papel de responsável pelo Departamento Científico da IAC há 10 anos e com a vivência pessoal de fenômenos parapsíquicos diversos desde a infância, antevejo que este livro preencherá uma lacuna na área, respondendo a inúmeras perguntas sobre o tema e deslindando equívocos.

Enfim uma obra que serve de guia técnico e possibilita ao leitor tomar as rédeas da manifestação e desenvolvimento de suas capacidades clarividentes.

Nanci Trivellato, MSc

Mestre em Metodologia Científica em Psicologia, fundadora e Editora do *Journal of Conscientiology*, diretora do Departamento de Pesquisa e Comunicação Científica da IAC – *International Academy of Consciousness.*

INTRODUÇÃO

Clarividência: um Fenômeno Natural

A clarividência se deu espontaneamente naquele dia, ao menos para o contorno mais brilhante de dois centímetros de espessura, próximo à roupa, uma espécie de brilho, uma luz "viva" ao redor de seu corpo, em particular na área da cabeça.

Havia encontrado Marcos em um corredor largo e um tanto longo, por onde passava todos os dias. Estávamos a meio caminho e àquela hora da noite, quase ninguém passava por lá. O silêncio ajudou na concentração e à medida que ele falava, comecei a sintonizar outros elementos de sua aura: a área de quinze ou vinte centímetros a partir da sua cabeça, de cor azulada, o globo de energia no topo da cabeça e também a parte mais dinâmica, a cerca de meio metro.

Marcos puxou um assunto sério que já havíamos discutido antes, mas, naquele momento, estava tentando passar um ponto de vista diferente. Após dez minutos de conversa, comecei a sentir um padrão positivo de energias, que se confirmou quando vi uma pessoa que sabia não ser viva e se apresentava a um metro atrás de Marcos, semitransparente. Já tinha visto aquela consciência (espírito) antes: era uma das que apareciam com frequência em exercícios de clarividência facial. A consciência tinha um sorriso confiante e energias de otimismo, uma aparência que lhe atribuiria uns cinquenta anos de idade, se estivesse viva, transmitindo um misto de experiência, seriedade, força e positividade. Pensei: este cara (o Marcos) está amparado. Isso me fez prestar mais atenção ao conteúdo da conversa. Por que aquele amparador, ali, naquele momento? A resposta veio dias depois e se não tivesse visto a participação daquela consciência acoplada ao Marcos, não teria o contexto extrafísico e talvez tivesse perdido a informação e a experiência. Mais uma vez, a clarividência ajudou a ampliar o entendimento do que acontecia ao meu redor...

Este livro explora uma das mais ricas habilidades parapsíquicas: a clarividência. Esse fenômeno tem inúmeras referências na história, literatura mística e cultura popular. Contudo, a abordagem adotada nesse livro busca ser prática e técnica, para que essa habilidade possa ser colocada em uso e em favor do crescimento pessoal.

A percepção visual física já é por si só uma experiência muito interessante, parte chave de nossa existência. Alguns pesquisadores argumentam que oitenta por cento do total de nossa percepção é visual. Formas e imagens têm uma forte presença em nossas vidas. Na hora de escolher roupas, móveis, casas, carros e outros objetos é difícil ignorar o apelo da aparência. As estratégias de *marketing* constantemente exploram o apelo visual. A riqueza da percepção visual talvez seja a razão pela qual as pessoas falem mais sobre o *design* de um carro novo do que de aspectos baseados em sensações não visuais: o cheiro, ronco do motor, sensação ao tocar no volante, ou até mesmo de características mais práticas relacionadas à função central de um automóvel: um meio de locomoção.

Além disso, há inúmeras expressões populares que mostram a importância da percepção visual em nosso dia a dia, como "ver para crer", "uma imagem vale por mil palavras" e outras.

Assim, já que a clarividência é modalidade de percepção *visual*, mas de outras dimensões, além da dimensão física, podemos considerar que o desenvolvimento dessa habilidade é, no mínimo, instigante, pois combina a riqueza da percepção de imagens com as infinitas possibilidades das bioenergias e dimensões além da dimensão física.

Abrir os "olhos" para os fenômenos além do físico significa também participar mais diretamente do que já ocorre ao seu redor, porém não é detectável através dos sentidos físicos.

Princípio da Descrença

Trabalha-se aqui com a hipótese de que a clarividência permite ao indivíduo ver coisas que não são físicas, através de um tipo de percepção visual independente da luz e dos olhos físicos.

Não é objetivo *convencer* ou *provar* que a clarividência existe e pode ser desenvolvida. A proposta é que o leitor adquira uma base teórica, aplique técnicas práticas, busque experiências pessoais com a clarividência, analise os resultados com receptividade e aplicando a lógica e, a partir disso, tire suas próprias conclusões.

Esta proposta inclui o seguinte princípio:

NÃO ACREDITE EM NADA, NEM MESMO NO QUE LÊ NESTE LIVRO. EXPERIMENTE, TENHA SUAS VIVÊNCIAS PESSOAIS.

Clarividência, tal qual a visão física, é um fenômeno ambivalente. Não podemos "entrar na cabeça" de outra pessoa para ver a maneira dele ou dela enxergar o mundo. É necessário pedir a essa pessoa que descreva suas percepções. Podemos criar experimentos para aprofundar o nosso conhecimento sobre o fenômeno, claro, mas sempre vamos depender da descrição dos experimentadores e de experiências pessoais, com vários níveis de objetividade.

No caso da clarividência, quanto mais informação e experiência acumulada, mais clara a diferença entre este tipo de percepção e outros fenômenos.

Estrutura

Este livro está organizado em três partes:

1. Conceitos de base, representados pelos capítulos de um a três;
2. Conceitos sobre a clarividência, do capítulo quatro ao seis e o capítulo nove; e
3. Técnicas, nos capítulos sete e oito.

A parte dois, apesar de não incluir procedimentos passo a passo ou técnicas de clarividência em si, ajuda no desenvolvimento da habilidade por duas razões: primeiro porque ao conhecer melhor o fenômeno, o que é, o que não é, e como funciona, você terá mais facilidade para desenvolvê-lo. Em segundo, porque dentro dos exemplos e detalhes de vivências deste autor e de terceiros, você encontrará dicas e informações para entender e aplicar melhor as técnicas da parte três.

Para os que já conhecem algo sobre o tema, é importante ressaltar que, mesmo nas explicações de temas básicos de bioenergias, experiência fora do corpo e outros fenômenos, você vai encontrar informações que poderão ajudar no desenvolvimento da clarividência. Há exemplos integrados nestas explicações que podem ajudar a compreender ângulos diferentes de determinados conceitos e, com isso, otimizar o rendimento durante a aplicação das técnicas de desenvolvimento da visão extrafísica.

Base Teórico-Prática

As definições e entendimento geral de fenômenos parapsíquicos têm como base a Conscienciologia, ciência que estuda a consciência além da dimensão física. A Parapercepciologia e a Projeciologia [Vieira, 15, p. 37] são especialidades mais diretamente relacionadas, conforme veremos mais adiante. A ciência Conscienciologia e suas trezentas especialidades foram propostas pelo pesquisador independente Waldo Vieira (1932 –).

Algumas das técnicas e explicações vêm de cursos da Conscienciologia e da experiência de docência de cursos curriculares da IAC – *International Academy of Consciousness* [(1)] – em especial do Curso de Desenvolvimento da Consciência – CDC, desde 1994.

A influência de professores que trabalham na liderança das organizações que desenvolvem a Conscienciologia também tem presença importante neste livro. Essa influência, de certa forma, amplia e dá força ao "consenso entre pesquisadores", algo necessário e normalmente referenciado nos textos conscienciológicos.

Mais especificamente, o texto busca compartilhar técnicas, informações e teorias desenvolvidas durante a apresentação dos cursos de minha autoria: "Desenvolvendo a sua Clarividência" e "*Workshop* de

---

[(1)] Academia Internacional da Consciência.

Clarividência", parte das atividades extracurriculares da IAC desde 2003. Este curso foi apresentado nos EUA (Miami, New York, Los Angeles, Houston, Gainesville – University of Florida, Delray Beach, Austin), Espanha (Madrid, Barcelona, Sevilla), Finlândia (Helsinki), Holanda (Rotterdam, Zutphen), Hong Kong (China), Itália (Bergamo, Milano), México (Cidade do México), Portugal (Lisboa, Porto), Romênia (Bucareste), Suécia (Estocolmo) e Brasil.

A análise de experiências parapsíquicas (deste autor e dos participantes) nesses cursos norteou várias das abordagens apresentadas a seguir. Os relatos de colegas, alunos dos *workshops* e aulas do CDC têm os nomes dos personagens trocados, já que alguns podem conter informações consideradas pessoais.

Motivação e Origem Desta Pesquisa

Comecei a estudar temas relacionados ao parapsiquismo movido principalmente pela curiosidade. Tinha também certo inconformismo com a "proposta de vida" que, aparentemente, todos à minha volta buscavam se encaixar: estudar / conseguir emprego / ganhar a vida / diversão nos feriados e finais de semana / aposentadoria / morrer. Havia alguma coisa faltando, a lógica parecia incompleta. Existiria algo além disso? E depois, o que acontece? A ideia de céu e inferno me parecia absurda.

Um dia, um amigo com quem, às vezes, conversava sobre coisas consideradas "anormais" – energias invisíveis e seres de outras dimensões – mencionou que havia "um tal instituto" que dava palestras sobre experiências fora do corpo e temas relacionados.

Fui à palestra, interessei-me pela abordagem, comecei a participar de cursos, aprender a trabalhar com as bioenergias e aplicar técnicas em busca de ter experiências fora do corpo. Tornei-me voluntário e professor de Conscienciologia, inicialmente dando aulas no Brasil e, depois, em várias cidades dos Estados Unidos, México e Europa.

Desenvolvi a clarividência e outras formas de parapsiquismo através de técnicas, autoexperimentação e vontade.

Junto com a pesquisadora e professora Patricia Sousa, criamos o projeto de pesquisa "Imagem Alvo" [Medeiros e Sousa, 6], que trouxe dados interessantes sobre as diferenças entre observar uma imagem a distância, através da experiência fora do corpo e da clarividência viajora (CV, *remote viewing*). Os resultados de tal projeto foram apresentados no III ICPC – *International Congress of Projectiology and Conscientiology.*

A vivência de dezenas de *workshops* de clarividência reforçou para mim o efeito motivador que a experiência pessoal traz ao observador direto. Uma coisa é ler ou escutar sobre a clarividência, o que tem, é claro, alguns benefícios: melhor conhecer do que ignorar. Contudo, o que realmente faz com que a pessoa entenda a realidade multidimensional na qual está inserida é ver, em primeira mão, com os próprios *para*olhos.

Objetivos

A ideia central deste livro é apresentar uma abordagem técnica, não mística e não religiosa da clarividência, tendo como meta o desenvolvimento pessoal (evolução).

A *clarividência* é o fenômeno de percepção *visual* de realidades *extra*físicas, no presente. É uma habilidade independente do corpo físico e da iluminação física que permite, por exemplo, que se observe a "aura" ou as energias de outra pessoa ou eventos *extra*físicos.

Sabe-se que o termo "clarividência" recebeu vários significados e interpretações no curso da história, sendo até por vezes usado como sinônimo de *qualquer* tipo de percepção parapsíquica.

Contudo, delimitamos e definimos aqui o fenômeno da clarividência através de três características principais:

1. É *extra*físico, ou seja, está além desta dimensão;
2. É visual (e não auditivo ou tátil, por exemplo);
3. É uma percepção do agora, do presente.

Estudaremos, mais adiante, as diferenças entre a abordagem de clarividência adotada neste livro e outros fenômenos, por exemplo, a precognição (ou premonição), a psicometria e a retrocognição (lembrança de vidas passadas).

A clarividência pode ser dividida em duas modalidades quanto à distância entre o experimentador-clarividente e o alvo observado: a *clarividência local* e a *clarividência viajora.*

Clarividência local significa usar a clarividência para ver algo no mesmo ambiente onde você está. Um exemplo de clarividência local seria observar a aura de um colega de trabalho, durante uma reunião, onde os dois se encontram no mesmo ambiente físico.

Na *clarividência viajora* (CV), a habilidade é utilizada para ver algo a distância. Por exemplo, você está em Brasília e observa, através dessa forma de parapsiquismo, um evento acontecendo em Buenos Aires.

A clarividência viajora tornou-se bastante popular nas décadas de 70 e 80.

Explorar a clarividência local

Apesar de neste livro serem definidas e exemplificadas tanto a clarividência "local" quanto a clarividência viajora (ou "visão remota", *remote viewing*) as técnicas e teoria apresentadas têm, como foco, a clarividência local.

Esta escolha tem várias razões práticas. A primeira é que, para quem está começando, em geral, a clarividência local é mais fácil de ser desenvolvida com objetividade.

A segunda é que a clarividência viajora requer um pouco mais de atenção e conhecimento para que seja diferenciada de fenômenos como a experiência fora do corpo e o estado hipnagógico, assunto discutido no capítulo "Clarividência e Outros Fenômenos".

Terceiro, a clarividência viajora (CV) requer um estado alterado de consciência um pouco mais profundo do que a clarividência local. Por isso, em geral, a CV exige mais treinamento e prática, até que o experimentador domine o estado necessário para produzir o fenômeno.

Quarto, a clarividência local pode ser vivenciada com os olhos abertos sem maiores requerimentos técnicos e de experiência por parte do pesquisador, facilitando a distinção de imaginação, imagens oníricas e entrada em estados alterados da consciência mais complexos, conforme será abordado adiante.

Apresentar e comparar os vários tipos de percepções visuais usando linguagem acessível

Outro objetivo deste livro é apresentar informações que ajudem o leitor a compreender suas experiências parapsíquicas relacionadas à percepção visual.

Os aspectos mais técnicos de percepção física e extrafísica não são necessariamente simples. Contudo, o texto é uma tentativa de apresentar informações técnicas de maneira clara, priorizando informações que ajudem no desenvolvimento da clarividência.

A ideia é buscar explicar com clareza didática, sem simplificar o que não pode ser simplificado, mas ao mesmo tempo sem complicar o que é intrinsecamente simples ou entrar em aspectos filosóficos sem aplicação prática. O livro apresenta referências em certos tópicos para aqueles que desejem saber mais sobre o aspecto em questão.

Alguns temas da Conscienciologia são mencionados de maneira rápida e objetiva, apresentando o essencial para entender o tópico e sua relação com a clarividência. Para um maior detalhamento de temas nesta área, consulte a seção "Referências Conscienciológicas".

Apresentar técnicas e exercícios

Ler e entender sempre auxiliam no desenvolvimento de qualquer habilidade. Mas, como diria qualquer professor de natação, "mais cedo ou mais tarde, é necessário cair na água..."

Por outro lado, técnicas sem contexto (ou sem base teórica) perdem a força. É preciso entender o fenômeno, saber mais ou menos o que se espera da clarividência, entender suas características e funcionamento para que se tenha melhor resultado com as técnicas.

Por isso as técnicas são apresentadas mais ao final e recomendo que a parte teórica seja lida antes, para melhor aproveitamento.

Algumas técnicas ajudam mais aos iniciantes, sem prática ou sem experiência; outras são direcionadas aos que já acumularam horas de visão extrafísica, mas buscam controlar melhor o fenômeno ou explorar aspectos novos e específicos desta modalidade de parapsiquismo.

Não doutrinação

Este livro não tem como objetivo divulgar ideias fixas, imutáveis, ou algum tipo de doutrina, velha ou nova. Ao contrário, busca apresentar uma versão – a mais atualizada possível – do que se entende sobre a clarividência. É de se esperar que, em edições futuras, este livro seja ajustado à medida que se conheça mais sobre o assunto.

Verdade relativa de ponta

O termo usado em Conscienciologia para descrever o conhecimento mais atual, de consenso entre pesquisadores, agregado e apresentado ao público geral é *verdade relativa de ponta* (verpon). "Verdade relativa" porque pode mudar, à medida que se conhece mais sobre o assunto. "De ponta" ou "de vanguarda" porque é o mais atual, o consenso relativo mais recente obtido entre pesquisadores e experimentadores.

Assim, a classificação de fenômenos talvez não seja a que o leitor já conheça ou encontre em certas linhas filosóficas, religiosas ou místicas. A intenção de reclassificar, reagrupar e redefinir é compreender os fenômenos com mais clareza e exatidão, baseado no que se conhece até o momento.

Em certos casos, os termos utilizados para identificar aspectos relacionados à clarividência são diferentes de termos mais populares. Por exemplo, ao invés de "duplo etérico", utiliza-se "energossoma", buscando exatidão e uniformidade maior para referenciar o corpo energético (energo + soma) que temos.

Muitas vezes, um novo termo colabora com a exatidão da definição de um fenômeno, em especial quando os termos antigos já foram definidos de maneiras diferentes ou imprecisas historicamente.

Em alguns casos, contudo, o termo popular ou tradicional é utilizado por falta de uma expressão melhor ou porque, até o momento, é o único disponível. Por exemplo: o "cordão de prata", que é a conexão energética entre o corpo físico e o extrafísico, não é de prata, nem sempre é prateado e também não tem o comportamento exato de um cordão, mas até que se chegue ao consenso sobre o melhor termo, utilizamos a expressão disponível.

A seguir, apresentamos definições de conceitos a serem utilizados ao longo dos demais capítulos.

CAPÍTULO 1

Definições Básicas

Bioenergias

Bioenergia tem como sinônimos chi, prana, orgônio, energia vital, energia mesmérica, fluido vital, dentre outros. Ao contrário da energia química da gasolina ou eletromagnética das ondas de rádio, a bioenergia é um tipo de energia que não é física, está além desta dimensão.

Possuímos um corpo bioenergético e interagimos com outras pessoas através dessa bioenergia no cotidiano. A maioria, contudo, vivencia as bioenergias de maneira indireta, intuitiva, ou sem uma compreensão maior de seus mecanismos e funcionamento.

Quem sabe você já tenha passado pela seguinte experiência: em um primeiro encontro com uma pessoa, tem a sensação clara de que ela é positiva e confiável, mesmo sem ter evidências concretas ou experiências anteriores que justifiquem sua avaliação.

Essa informação da qual você tem segurança, apesar de não poder confirmá-la no momento (positividade e confiabilidade), pode ser transmitida através das bioenergias. A sensação de confiança pode até ser contraditória com a apresentação física ou de comunicação desse indivíduo que você está encontrando pela primeira vez: o mesmo se apresenta mal vestido e fala com hesitações, mas a bioenergia passa a mensagem mais forte: dá para confiar.

Por outro lado, às vezes, entramos em locais esteticamente bonitos, limpos, visualmente agradáveis, mas onde não nos sentimos bem, dizemos que "o clima" do lugar é ruim, ou que tem "más vibrações", ou "algo estranho no ar". Estas e outras expressões, no fundo, indicam a qualidade indesejada ou incompatível da energia naquele ambiente.

Carisma e axé também são termos que apontam para atributos da bioenergia ou para a bioenergia em si. A integração dessas palavras no vocabulário de certas culturas mostra uma relativa popularidade da capacidade de percepção e uso da bioenergia, ainda que inconsciente.

Consciência

Eu, você e todos os seres vivos somos consciências. A consciência não é algo físico, um corpo, ou um tipo de energia, mas sim o elemento *organizador e inteligente* da matéria e da energia.

Ao escrever este livro, eu, consciência, transmito as ideias através de palavras impressas em papel. Uso o meu corpo físico para apertar as teclas no teclado do computador e meus olhos para ver se digitei bem estas palavras. Depois a versão digital do livro é transformada em letras impressas em papel. Mas a fonte das ideias transmitidas através de palavras impressas não é o meu cérebro, dedos e olhos, ou as letras no papel. A fonte é a consciência.

Assim, estou tratando a mim mesmo de maneira dualista. Isto significa querer entender o universo como feito de pelo menos *dois* elementos: a matéria (1), da qual o corpo físico e os objetos ao meu redor são feitos; e "algo" pensante, buscando transmitir ideias através de frases e conceitos encadeados, a consciência (2).

A consciência, então, *utiliza* o cérebro, o corpo físico e as bioenergias para interagir com o meio e com outras consciências.

Desta maneira, inverte-se a equação e trabalha-se com a ideia de que o cérebro e demais veículos de manifestação são produto da consciência, e não o contrário.

Energia Imanente e Consciencial

A energia extrafísica pode ser divida em duas categorias básicas: a primeira mais diretamente ligada à bioenergia da terra, do ar, da água, por exemplo, chamada energia imanente. Essa categoria de energias não tem um padrão de pensamento e sentimento específico porque não foi modificada por nenhum ser vivo ou, de maneira mais geral, por nenhuma consciência.

Se você já esteve em uma praia, floresta ou campo onde não circulavam muitas pessoas, provavelmente sentiu ali um padrão de energia imanente.

Em contraste com esse cenário, se já esteve presente em um congresso de profissionais de determinada área ou em *show* de uma banda de *rock,* você percebeu neste ambiente um padrão de energias de um segundo tipo, bioenergias modificadas através de pensamentos e sentimentos, denominada energia consciencial.

A energia consciencial, portanto, traz informação impressa pela consciência, através de seus pensamentos e sentimentos.

Pensene e Holopensene

A modificação das bioenergias através da manifestação da consciência "tempera" aos poucos e determina o "gosto" das energias ao seu redor.

Se Miriam estuda com frequência a filosofia de Nietzsche, pensamentos e sentimentos relativos aos temas existenciais serão impressos, aos poucos, em suas energias.

Em outro exemplo, se Lúcio é frequentemente dramático, suas emoções se acumulam no campo de energias pessoais, criando um resumo ou média das *ações de pensamento e sentimento.* Devido à força e frequência das emoções na manifestação de Lúcio, suas energias tendem a incorporar este padrão. Este padrão de energia torna-se então parte do "cartão de visitas energético" de Lúcio.

O pensene (*pen,* pensamento + *sen,* sentimento + *ene,* energia) é a palavra composta que significa a mescla desses três elementos que são a base de nossa manifestação consciencial.

Na verdade, não exteriorizamos puramente energias ou pensamos sem modificar nossas energias ou pensamos com "zero absoluto" de sentimento e assim por diante. Cada manifestação gera *mais* ou *menos* de cada um dos três elementos, dependendo da situação.

Pensenes não são dissipados de maneira imediata e tendem a se acumular, formando *holo*pensenes. Pessoas, lugares e objetos têm um holopensene, resultado desta acumulação ao longo do tempo, sintetizadas numa espécie de média ponderada, de acordo com a frequência e a intensidade dos pensamentos e sentimentos gerados pelas consciências em questão.

A relação principal deste conceito com a clarividência é que o "holopensene" determina de certa forma o padrão das consciências ao seu redor, em qualquer dimensão, algo que será abordado em especial no contexto da técnica de clarividência facial, no capítulo "Técnicas de Clarividência".

Em linguagem bioenergética, o holopensene pode ser lido e pode ser agradável, convidativo ou não, dependendo do padrão da consciência em contato com este holopensene.

Veículos da Consciência

Se a consciência não é algo físico ou material então como interage com outras consciências e com o ambiente ao seu redor? A resposta é que ela utiliza veículos ou corpos para interagir. Esse conjunto de veículos de manifestação recebe o nome de *holossoma* no contexto da Conscienciologia.

O conjunto inclui quatro corpos ou veículos: soma, energossoma (ou holochacra), psicossoma e mentalsoma.

O mais denso é o ***soma***, que é o corpo físico, biológico ou bioquímico. Para que o corpo físico se mantenha em bom funcionamento, é preciso comer adequadamente, dormir e cuidar da saúde, em geral.

O segundo corpo é o ***energossoma***, ou corpo das bioenergias. Esse é o veículo que contém os chacras ou centros de energia. É também o corpo usado para perceber o padrão das bioenergias de um local ou de uma pessoa.

O energossoma é um agente vitalizador do corpo físico e várias práticas e técnicas alternativas buscam atuar sobre esse veículo com a finalidade de equilibrá-lo. O *Reiki,* a acupuntura e o *Chi Kung* (ou *Qi Gong*) são exemplos populares dessas práticas.

Por ser um pouco maior que o corpo físico, o energossoma se apresenta como um contorno brilhante ao redor da pessoa observada e é um dos veículos mais facilmente visíveis através da clarividência.

A aura é um campo ou invólucro ao redor de pessoas, animais, plantas e objetos, podendo apresentar cores e espessura variável, tipicamente entre dez e cinquenta centímetros, mas podendo alcançar vários metros. O limite dessa aura pode ser visualizado e até sentido com as mãos, qual fosse uma pele ou invólucro que marca o final do campo energético pessoal.

Os pensamentos, sentimentos e movimentações de energia normalmente alteram o tamanho, cor e movimento da aura.

O terceiro corpo é o ***psicossoma,*** conhecido popularmente com o nome de corpo astral, perispírito, dentre outros. O psicossoma é o veículo utilizado na experiência fora do corpo, ou viagem astral e com o qual temos percepções de clarividência, conforme veremos adiante.

Muitas pessoas perguntam se a clarividência se dá através do energossoma ou do psicossoma. Vieira indica que a clarividência extrafísica se dá através dos *para*olhos do psicossoma [Vieira, 15, p. 133]. Seguindo essa hipótese, e considerando que através de experiências fora do corpo podemos encontrar pessoas que já morreram (consciências extrafísicas) e que podem ver auras e ter percepções visuais das bioenergias, mesmo após o descarte completo do energossoma, considera-se que essa percepção está baseada no psicossoma.

Assim, a clarividência que se dá quando estamos acordados e de olhos abertos (no estado de vigília física ordinária) é resultado do acesso à percepção visual captada através do psicossoma.

O quarto corpo é o ***mentalsoma***, o veículo do discernimento (capacidade de escolher pelo melhor). Assim como precisamos do corpo físico para respirar, precisamos do mentalsoma para pensar. Esse veículo é provavelmente o mais complexo de todos, abarca vários atributos (concentração, compreensão, lógica, discernimento) e está intimamente conectado aos padrões de pensamento (limitações, autoconfiança, crenças, criatividade, condicionamentos, autocontrole).

O mentalsoma tem um papel-chave na evolução e na avaliação das experiências. A priorização do desenvolvimento e aplicação dos atributos do mentalsoma é fundamental na ampliação do parapsiquismo de maneira saudável e produtiva [Vieira, 12; páginas 372 a 387 e 504 a 509].

A projeção através do mentalsoma é mais rara, porém bastante marcante ao ponto de definir o "antes" e o "depois" da experiência; transcende os parâmetros da vida cotidiana nesta dimensão, incluindo tempo e espaço, através de uma expansão intelectiva extrema. O fenômeno da cosmoconsciência também está relacionado a esse veículo.

Consciência e seus estados

Uma pessoa viva e acordada tem os quatro corpos à disposição para interagir com o meio exterior. Pelo fato de estar *dentro* de um corpo físico, esta consciência é denominada conscin ou *cons*ciência *in*trafísica.

Aqueles que estão no período entre uma vida e outra, ou seja, morreram e ainda não *re*nasceram, não têm o corpo físico para se manifestar. Por isso, chamamos essas pessoas de consciências *extra*físicas, indicando que apesar de seguirem em sua existência e serem reais, o contato com as mesmas só se dá através de alguma forma de parapsiquismo. Para abreviar o termo consciência extrafísica, utiliza-se a palavra consciex (consci, de consciência + ex, de extrafísico).

Definimos assim dois estados da consciência, intrafísico e extrafísico. *Intrafísco* para a consciência possuidora de corpo biológico vivo (está "viva") e *extrafísico* para a consciência cujo corpo físico morreu (está no período entre vidas).

Existe, além disso, um terceiro estado intermediário: o estado *projetado*. Nesse caso, a consciência intrafísica temporariamente sai do seu soma com o psicossoma, em uma experiência fora do corpo (projeção ou viagem astral).

Descoincidência dos veículos

Os veículos de manifestação apresentados podem estar mais ou menos alinhados (ou em coincidência). Quando estamos despertos, esses veículos estão bem alinhados, encaixados e conectados. À medida que relaxamos o soma, nossas energias naturalmente se expandem, dando mais "espaço" de mobilidade para o psicossoma.

A clarividência tende a ser desenvolvida com mais facilidade na medida em que exista uma pequena descoincidência dos veículos de manifestação. Por isso, algumas técnicas neste livro incluem em seus objetivos uma descoincidência parcial do psicossoma, através do relaxamento do corpo físico e expansão do energossoma.

Dimensões

De maneira simplista, os corpos têm de estar em algum "lugar" em um dado momento. O problema é que o meu psicossoma, neste momento que escrevo, está tecnicamente ocupando o mesmo "lugar" do meu soma, já que estou acordado e com estes veículos em coincidência. Aí é onde entram as dimensões (ou planos). Meu psicossoma está na dimensão *extrafísica*, enquanto meu soma está na dimensão *física*. Assim, esses dois corpos podem ocupar o mesmo "lugar no espaço", mas em duas dimensões diferentes.

Existem muitas analogias para descrever dimensões, sendo a mais comum a que utiliza o conceito de frequência. Isso porque fica fácil estabelecer um paralelo entre ondas de rádio e dimensões, já que ondas de rádio de frequências diferentes ocupam o mesmo "lugar" no espaço. Cada estação de rádio transmite o seu sinal em uma frequência específica. Por exemplo, a estação "A" transmite em 97MHz e a estação "B" em 100MHz. Assim, os dois sinais estão presentes em sua casa e cabe a você usar um aparelho de rádio para filtrar uma frequência específica, eliminando as demais, para ouvir a estação escolhida.

De maneira análoga, o "sinal" ou a "estação" da clarividência está sempre presente, porém a maioria das pessoas está sintonizada exclusivamente na visão física, excluindo (ou filtrando) a percepção de outras dimensões.

Na verdade, a maioria das pessoas está acostumada com o sinal forte e claro da dimensão intrafísica, de tal maneira que a percepção de estímulos de outras dimensões é ignorada ou recebida somente de maneira indireta.

As técnicas para desenvolvimento da clarividência apresentadas mais adiante buscam, em resumo, um relaxamento maior para diminuir a intensidade do sinal da dimensão física, para que se possa perceber o sinal da dimensão energética e extrafísica.

Na ciência Conscienciologia, busca-se explicar todos os fenômenos existentes com um modelo que inclui as seguintes dimensões: física, energética, extrafísica e mentalsomática.

Interagimos na dimensão física através do soma (corpo físico). Todos os objetos físicos, animais, plantas, ondas eletromagnéticas, campos elétricos e campos magnéticos estão nessa dimensão.

Já as bioenergias, da natureza e em nosso corpo energético, estão na dimensão energética. Para *ver* essa dimensão não é suficiente enxergar com os olhos físicos. É necessário usar a clarividência.

Durante exercícios de clarividência é relativamente comum a seguinte descrição: "eu vi uma espécie de névoa a minha frente". Esta é uma das percepções típicas da dimensão energética, também conhecida pelo termo *dimener*.

A percepção do energossoma e da aura também é típica entre as possibilidades de clarividência na dimener.

Quando alguém vê uma consciência extrafísica (entidade, espírito) essa percepção é da dimensão extrafísica. Consciências extrafísicas apresentam-se através do psicossoma, veículo que está na dimensão extrafísica.

Já a dimensão mentalsomática é o ambiente extrafísico próprio do mentalsoma. O desenvolvimento da clarividência não parece estar diretamente conectado a esta dimensão e tipicamente dá acesso à dimensão energética e extrafísica.

Vários atributos do mentalsoma – a concentração e habilidade de silenciar os pensamentos, por exemplo – são úteis para a clarividência. Contudo, o trabalho principal de desenvolvimento da clarividência está no soma (relaxamento) e energossoma (desbloqueio e expansão).

Algumas linhas de conhecimento, religiões e misticismos numeram as dimensões chamando-as de primeira, segunda, terceira, quarta e assim por diante. Isso às vezes causa certa confusão com os parâmetros largura-altura-comprimento, que são três *dimensões* existentes na dimensão física.

O problema está no uso da palavra *dimensão*. A "largura" é uma dimensão, porém no sentido de "direção em que se mede a extensão".

Quando falamos de dimensão energética, estamos usando a palavra dimensão com outro sentido, que significa um lugar no espaço, físico ou extrafísico, e não a medida em alguma direção.

É bem provável que no passado, o termo "quarta dimensão" tenha sido usado como analogia para uma dimensão extrafísica, apontando para as três primeiras, que são relativamente fáceis de entender e verificar, bastando observar um cubo de madeira, por exemplo, e a partir disso convidando o observador a pensar em uma quarta dimensão, que tecnicamente vai além dos três eixos do cubo e abre espaço para algo que está "lá dentro", porém não é largura, altura nem comprimento.

Outras linhas de pensamento/misticismos propõem 7, 10 ou 15 dimensões e por vezes combinam estados da consciência com o conceito de dimensão aqui apresentado.

O princípio científico da navalha de Ocam propõe que, se houver duas teorias para explicar um mesmo fenômeno, deve-se optar pela mais simples. Desta maneira, o modelo utilizado pela Projeciologia inclui as seguintes dimensões: física, energética, extrafísica e mentalsomática. Estas quatro atendem a necessidade de prover um modelo para entendimento dos fenômenos parapsíquicos em questão.

Dimensões e Densidades

Segundo a física, densidade é relação entre a quantidade de matéria e o volume de um determinado objeto. Assim, em uma análise simplificada, sabendo que um copo de leite condensado é mais pesado que um copo de leite comum, dado que os dois copos estejam preenchidos com o mesmo volume, concluiremos que o primeiro é mais denso que o segundo.

Empiricamente, sabemos que o isopor é menos denso que o chumbo, o ar é menos denso que a água e assim por diante.

O conceito de densidade também pode ser aplicado às dimensões e à bioenergia em geral. Relatos e artigos frequentemente incluem termos como "percebi as energias mais densas", "estava em uma dimensão pesada", ou "entrei em contato com uma consciex mais sutil".

Com relação à clarividência, uma consideração relacionada à densidade é que energias mais densas são, em geral, mais facilmente observáveis durante as práticas, por isso, quando densificamos o campo de energias através da exteriorização, criamos melhores condições para vê-las.

Consciências extrafísicas mais densas também são mais facilmente observáveis, dado que "estão" em uma dimensão mais "próxima" da dimensão física.

Outra observação é que a clarividência tem a característica de "sintonia", a qual permite que o experimentador veja seletivamente diferentes densidades de uma dimensão. Por exemplo, um experimentador pode estar vendo o energossoma (energia mais densa) de outra pessoa, que normalmente se apresenta alguns centímetros ao redor do corpo físico e em seguida trocar a sintonia e começar a ver as energias do ambiente a sua frente (energia menos densa).

A energia do ambiente, neste exemplo, seria menos densa que a do energossoma. A maioria das pessoas vê o energossoma através da clarividência com mais facilidade, ou com maior frequência, nas primeiras tentativas. As energias do ambiente (não associadas a uma pessoa) e as partes mais externas da aura têm uma característica menos densa e, em geral, exigem um pouco mais de concentração – ou às vezes, paciência e determinação – para que sejam vistas com clareza.

Acoplamento Energético

Duas consciências podem entrar em um estado de fusão temporária de seus campos bioenergéticos, facilitando o intercâmbio de pensamentos e sentimentos representados em suas bioenergias (pensenes), condição facilitada quando existe afinidade entre as consciências envolvidas.

O acoplamento energético (acoplamento áurico) é uma fusão temporária das auras de duas consciências [Vieira, 15; página 681].

Ao iniciar uma conversa entre amigos, o acoplamento acontece naturalmente após alguns minutos, devido à afinidade. O acoplamento se intensifica à medida que o engajamento na conversa aumenta, podendo chegar ao ponto onde você sabe o que a outra pessoa vai falar, antes mesmo que fale, porque já recebeu a informação através da bioenergia.

Devido ao fluxo facilitado de pensenes, a compreensão mútua é facilitada durante o acoplamento, de modo que o entendimento de uma situação, contexto ou *insight* mais complexo ocorra através de poucas palavras, já que a energia está transportando boa parte da informação.

Este tipo de acoplamento pode também conectar um grupo de pessoas, dando uma explicação para o "contágio" onde várias pessoas na mesma platéia bocejem em um curto espaço de tempo logo após um primeiro bocejo, ou que um filme de comédia pareça mais engraçado, quando visto com um grupo de pessoas em um cinema.

A distância não influi para tais acoplamentos. Pessoas em países distantes podem iniciar a conexão energética a partir de uma conversa telefônica, internet, ou através da leitura de uma carta ou *e-mail.*

O acoplamento energético ocorre entre consciências em qualquer dos estados descritos anteriormente: intrafísico, extrafísico e projetado.

Assim, você (conscin, consciência intrafísica) pode estabelecer com seu vizinho, também conscin, um acoplamento áurico, quando ambos estejam acordados, em estado de vigília física ordinária. A condição de acoplamento poderia também ocorrer durante uma experiência fora do corpo.

Um tipo de acoplamento relativamente comum é entre conscin e consciex (consciência extrafísica, no período entre uma vida e outra), que pode ser percebido ou não pela conscin.

Por exemplo: Joana, conscin, pode estabelecer uma conexão com sua tia que já faleceu, consciex, e sentir sua presença, estado de ânimo e padrão geral de pensamentos a partir de um acoplamento energético.

O acoplamento pode ser estabelecido através de evocação, ou seja, ao pensar por algum tempo em alguém que já faleceu, os pensenes gerados "chamam" essa consciência. A evocação tem eficácia proporcional à intensidade dos pensamentos e sentimentos.

A evocação seguida de acoplamento áurico pode criar um círculo vicioso (evocação – acoplamento – lembrança – evocação...), mantendo a conscin em constante contato com a consciex. Isso pode, por sua vez, causar um atraso na adaptação à nova condição da consciex no período entre vidas.

Uma consciência extrafísica lúcida e em condições de ajudar pode também estar conectada a uma consciência intrafísica. Neste caso, a consciex pode contribuir com pensamentos e condições energéticas produtivas, entre outros, em uma interação que potencializa o crescimento da conscin. Este tipo de consciex chama-se amparador no contexto da Conscienciologia.

Assim, o acoplamento energético pode ter uma natureza mais produtiva, ou não, do ponto de vista da evolução da consciência. Esse é um assunto difícil de resumir em poucos parágrafos. Apresentamos essa introdução ao tema porque a clarividência pode servir para identificar a presença de tais acoplamentos e iniciar de maneira prática o acúmulo de experiências neste sentido.

Percepção e Manifestação

Cada um de nós, consciência, interage com o meio e com os outros através de percepção e manifestação. De maneira simples, a manifestação se dá quando a consciência (você, leitor ou eu) envia informação para fora de si ou altera o meio ao seu redor, através de alguma ação.

Falar é manifestação, assim como escrever ou acenar para o vizinho que passa longe e não conseguiria ouvi-lo. Colocar os pratos à mesa para o jantar é também manifestação, já que a mesa ao final estará diferente.

Pode-se pensar também em manifestações além do corpo físico ou da dimensão física: ao pensar em um amigo, estarei inevitavelmente enviando bioenergias para ele, ou seja, estarei produzindo (ou manifestando) pensenes.

Percepção é receber informação através de bioenergias, movimento e palavras, por exemplo. A percepção pode dar-se através do corpo físico ou através dos demais veículos de manifestação: energossoma, psicossoma e mentalsoma.

Se, ao entrar em casa, percebo o ambiente abafado, isso significa que tive a percepção de que a temperatura está alta. Neste caso podemos pensar que o meio dessa percepção foi o corpo físico, que chamamos aqui de "soma". Por outro lado, suponha que, ao chegar ao escritório onde trabalha, perceba um ambiente mais alegre e otimista, antes de ver qualquer colega ou indicação similar. Essa percepção pode ser bioenergética, ou seja, que esteja sentindo o padrão de otimismo através do energossoma ao entrar em contato com as energias do ambiente. Nessa segunda situação, a informação não chega através de sentidos físicos.

Um exemplo clássico de percepção e manifestação extrafísica é quando pensamos em alguém e, segundos depois, essa pessoa nos chama ao telefone. Isso se dá porque ao discar e esperar a conexão de voz, normalmente se está pensando na pessoa que vai receber a chamada, provocando assim uma telepatia natural – ou manifestação de pensamento – através da energia. A pessoa que recebe a chamada, por sua vez, pensa na que chama devido à percepção das energias com pensamentos e sentimentos (pensenes) que recebe desta. Em outras palavras, a pessoa teve o pensamento, antes de receber a chamada, devido a uma percepção extrafísica.

O termo parapsiquismo engloba "os dois lados da moeda" percepção e manifestação. Em fenômenos de intuição e psicometria, exemplos de percepção, recebe-se informações de origem extrafísica. Durante a exteriorização de energias ou envio de ideias através da telepatia, por outro lado, ocorre a emissão de informações, o que caracteriza manifestação.

Um aspecto da percepção extrafísica que torna seu entendimento um pouco mais complexo, em especial no início, é o fato de que as percepções podem vir de fontes diferentes e apresentarem-se de maneira muito similar. Um experimentador pode ter dificuldade de diferenciar telepatia de intuição, por exemplo, em especial se não possui um certo acúmulo de experiências analisadas, compreendidas e classificadas.

Naturalmente, quanto mais treinamento, mais facilmente poderemos identificar a fonte da percepção. Uma percepção mais aguçada e atenta também contribui nesse sentido. Isso é parte do processo de desenvolvimento parapsíquico.

Já no caso da percepção física, a identificação da fonte da percepção é algo simples e natural. Por exemplo, ver e tocar um objeto são experiências bastante diferentes. É mais fácil também lembrar se a fonte de uma percepção foi audição ou visão. Seria quase absurdo se alguém dissesse "não lembro se ouvi a música ou apenas vi o músico se movimentando".

Clarividência é uma percepção extrafísica visual, independente do soma, portanto, independente da visão e olhos físicos, ou seja, a retina, tecidos nervosos e cérebro não são necessários para a clarividência em si. A clarividência, por outro lado, possibilita percepções visuais de energias e de consciências (espíritos) que estejam em outras dimensões.

No capítulo "Clarividência e Outros Fenômenos" exploraremos as diferenças entre clarividência e outros tipos de percepção.

Parapsiquismo

No contexto multidimensional apresentado anteriormente, parapsiquismo significa ter percepções além das possibilidades por meio do corpo físico. Ver a aura de uma pessoa através da clarividência é um exemplo de parapsiquismo. Sentir que as energias de um conhecido estão positivas é parapsiquismo. Já a sensação de frio nos dedos da mão, quando seguramos um copo de vidro com água gelada, é uma percepção física, que vem através do soma.

A separação nem sempre é tão clara como nos exemplos acima, mas a intenção é dar parâmetro de base para que o experimentador possa iniciar as referências pessoais. Na prática, podemos sentir um "toque" que é de uma consciência extrafísica ou frio que tem origem bioenergética, eventos que exigiriam mais experiência na diferenciação ou verificação externa que trouxesse resposta às perguntas: alguém físico me tocou? A temperatura física do ambiente variou significativamente?

Ainda assim, a distinção é importante, pois define uma separação entre as maneiras pelas quais podermos receber informação (soma *versus* outros veículos). Quando olhamos para uma pessoa, vemos seu corpo físico através dos olhos físicos, mas podemos, ao mesmo tempo, perceber características de suas energias através do *para*psiquismo.

É importante aprender a diferenciar na prática a percepção física (psiquismo) da extrafísica (parapsiquismo), para aumentar a objetividade da experiência nas várias dimensões. Do contrário, corremos o risco de interpretar erroneamente uma percepção física confundindo-a com parapsiquismo ou vice-versa.

Por exemplo: Laurindo pode dizer que não gostou das energias de Jamil quando, na verdade, não gostou da aparência física de Jamil.

A percepção multidimensional mais objetiva depende do acúmulo de experiências, variedade e qualidade dessas experiências, análise e reflexão, mas, principalmente, da prática da auto-observação e do autoconhecimento, que favorecem a identificação da origem das percepções.

Outra variável é a separação entre a descrição da percepção e a interpretação. Ao ver uma consciex com um contorno brilhante, um budista talvez dissesse "eu vi Buda", enquanto um cristão talvez dissesse "eu vi um anjo" e uma terceira pessoa dissesse "acho que vi Joãozinho, meu amigo de infância".

O fato (percepção) nesse exemplo está contido em "vi uma consciex com um contorno luminoso". As interpretações podem ser múltiplas, mas vale a pena anotar (ou comunicar) os detalhes da percepção de maneira isenta e separada da interpretação. Essa postura de cientificidade, mesmo face a fenômenos subjetivos, favorece um maior aproveitamento das experiências.

Você pode também anotar ou comunicar separadamente a justificativa lógica de sua interpretação ou hipótese, colecionar evidências que deem suporte a elas e, periodicamente, revisar suas anotações para ver se as interpretações mudam com o acúmulo de experiências.

Parapercepciologia e Projeciologia

O estudo da clarividência está diretamente conectado com a especialidade da Conscienciologia chamada Parapercepciologia, o estudo das parapercepções da consciência, além das percepções adstritas ao corpo humano (soma), seus fenômenos e suas consequências evolutivas.

Conforme apresentado anteriormente, a clarividência é uma percepção do psicossoma, um corpo *extra*físico, o que classifica essa percepção visual como *para*percepção, ou percepção além do corpo físico. Por isso, a clarividência é considerada uma habilidade parapsíquica ou forma de parapsiquismo.

Projeciologia é uma especialidade da Conscienciologia que estuda as interações da consciência além do soma (corpo físico). [Vieira, 15; página 42].

Ainda que o fenômeno central da Projeciologia seja a experiência fora do corpo, há grande quantidade de correlações e informações dessa especialidade que se aplica à clarividência, por exemplo, o estudo das dimensões e das interações que envolvem consciências extrafísicas.

CAPÍTULO 2

Percepção de Imagens

A consciência pode ter experiências com imagens de várias maneiras, por exemplo, a recepção passiva de imagens quando olhamos para uma paisagem ou a "fabricação" ativa quando imaginamos o visual de uma pessoa que só conhecemos por telefone ou *e-mail*.

Essas imagens podem ter diversas origens, como as citadas a seguir:

1. Percepção física visual (olhos, cérebro).
2. Memória (cérebro).
3. Holomemória (mentalsoma, *para*cérebro).
4. Sonho, estado hipnagógico (cérebro).
5. Imaginação, visualização (mentalsoma, cérebro).
6. Clarividência (psicossoma).

Ainda que existam outras fontes de imagens para a consciência, o conjunto acima está mais próximo à realidade dos exercícios de desenvolvimento da clarividência abordados nos demais capítulos. Por isso, cada uma dessas fontes será descrita a seguir com o objetivo de compreender melhor o que é visão extrafísica e separá-la de outras modalidades de recepção de imagens.

É possível também que o resultado do que se percebe visualmente seja a composição de mais de uma fonte, porém buscaremos primeiro entender cada fonte isoladamente, para, em seguida, explorar as possíveis combinações.

Percepção Física Visual

Este é o tipo de percepção de imagens mais comum e mais estudado. Basicamente, a percepção física visual se dá através dos olhos, a partir do estímulo da luz que reflete (ou é emitida) por objetos e seres vivos ao nosso redor.

É importante ressaltar para futuras comparações (apesar de ser algo bastante evidente) que a informação visual que chega através dos olhos físicos é do presente. Ou seja, se vemos Maria à nossa frente, é porque ela *está* à nossa frente naquele momento, não porque *estava* ou *estará*.

Além da percepção normal através dos olhos, o soma pode também trazer imagens à consciência devido à alucinação visual, que faz a consciência perceber objetos, cores, pessoas ou paisagens que, na verdade, não estão sendo captadas pelos olhos físicos. Nesse caso, as imagens são geradas diretamente no cérebro por uma condição patológica ou de funcionamento anormal do soma, que pode ocorrer em casos de febre extremamente alta, desidratação extrema, intoxicação com drogas alucinógenas, entre outros.

A ciência convencional sistematizou – em especial no último século – muita informação sobre a retina, globo ocular, nervo ótico e as regiões do cérebro dedicadas ao processamento das imagens. Sabe-se que, apesar da sofisticação desta percepção física, existem maneiras de confundi-la em ilusões de ótica.

Ainda que a clarividência seja independente da visão física, várias técnicas utilizadas buscam jogar com as características da visão física, para que o experimentador aprenda a operar comandos internos, subjetivos, que controlam aspectos da sua percepção.

Memória

Pense no lugar onde você morava quando tinha 15 anos. Pense na porta de entrada, no lugar onde você dormia, as cores das paredes... Ao lembrar-se desses detalhes, você provavelmente "viu" dentro de sua cabeça essas imagens. Ao tentar lembrar da porta de entrada, você deu o comando para trazer de sua memória uma imagem vista no passado. Contudo, a porta de entrada da casa não estava à sua frente. A imagem percebida "dentro" de sua cabeça teve como origem a sua memória física, cerebral, desta vida.

Holomemória

Além do armazenamento de informações desta vida, feita através do cérebro físico, existe o armazenamento de experiências que aconteceram em vidas passadas e no período entre uma vida e outra (período intermissivo). Essas experiências não poderiam ser armazenadas pelo cérebro físico que temos hoje, já que, ao final de cada vida, o cérebro é naturalmente descartado. A memória que permanece de uma vida para outra chamamos de holomemória.

A holomemória é, portanto, outra fonte de imagens para a consciência. Por exemplo, uma pessoa que tem uma lembrança de uma vida passada (retrocognição) pode ver a sua frente cenas dessa vida passada. Essas cenas vêm diretamente da holomemória.

Imagens Oníricas

O sonho é um estado alterado da consciência onde se veem imagens e situações tipicamente relacionadas a nós mesmos e a nossas emoções. Os eventos de um sonho normalmente têm uma lógica e sequência diferentes do que experimentamos na vigília física. São em geral mais simbólicos e aparentemente desconexos.

O estado hipnagógico é um estado entre estar acordado e dormindo, onde imagens e, às vezes, sons ou músicas podem apresentar-se na "tela mental" do experimentador.

De maneira geral, a fonte das imagens dos sonhos e do estado hipnagógico é o cérebro físico. À medida que relaxamos com o objetivo de dormir, algumas mudanças ocorrem no funcionamento do nosso corpo físico, por exemplo, a temperatura baixa um pouco, os músculos relaxam e os batimentos cardíacos diminuem. Uma classe de mudança interessante é quando uma função deixa de ser influenciada pela vontade e passa a ser controlada exclusivamente pelo soma.

Um exemplo disso é a respiração, que passa a ser gerenciada pelo próprio corpo físico durante o processo de adormecimento. De maneira análoga, o cérebro também passa a operar mais distante do controle de nossa vontade à medida que vamos caindo no sono. Durante a vigília, temos um controle relativo sobre os nossos pensamentos. Relativo partindo da premissa de que não controlamos necessariamente 100% de nossos pensamentos o tempo todo.

Tente pensar sobre um só assunto, sem desvios ou devaneios, durante 10 minutos e entenderá o problema. O cérebro físico estará constantemente associando ideias e, quem sabe, em poucos minutos, você estará pensando em algo distante do assunto escolhido inicialmente, por exemplo, se faltará sabão em pó para lavar roupas mais tarde.

Existem várias teorias para explicar os sonhos. Uma das mais aceitas pela ciência convencional é, de maneira simplificada, que os sonhos são um subproduto de processos de reorganização das conexões entre neurônios (sinapses) e de "limpeza" bioquímica do cérebro, que ocorrem durante o sono. Isto significa que as imagens observadas em um sonho têm como origem o cérebro físico. As imagens são geradas à medida que o cérebro faz estes ajustes e "prepara a máquina" para o dia seguinte.

O sonho em si é fácil de ser diferenciado da clarividência, apesar de ser uma experiência visual. A sequência de ideias, formas, deslocamentos de um lugar ao outro segue uma lógica própria, que não é questionada durante a experiência onírica.

Por exemplo, suponha que você estivesse lendo este livro em sua casa e alguém tocasse a campainha. Suponha que em seguida, ao abrir a porta de entrada, você visse duas zebras sorrindo, que se apresentassem como novos vizinhos. Qual seria a sua reação? Provavelmente de surpresa, no mínimo. De onde vieram estas zebras falantes? Será que fugiram de um zoológico? Estou bem? Será isso uma alucinação ou um efeito de um remédio ou comida que ingeri? O absurdo da situação seria evidente em vigília física ordinária. Já em um sonho, o absurdo só seria percebido depois do despertar. Muitas vezes vivenciamos situações absurdas durante um sonho e não as questionamos ou até interagimos de maneira absurda (convidando as zebras para um café). Isso se deve à falta de lucidez característica da experiência.

Já no caso da hipnagogia, a diferenciação pode exigir um pouco mais de observação e treino, principalmente porque ela ocorre quando estamos mais próximos da vigília. Se você fechar os olhos e procurar relaxar um pouco antes de cair no sono, você passará pelo estado hipnagógico. Veja o relato de uma aluna em um dos cursos:

> *... Em um dado momento durante o exercício, comecei a perceber cores e formas geométricas à minha frente. Percebia estas imagens flutuando no espaço, ora com mais brilho, ora com menos brilho. Percebia também uma música suave, agradável, difícil de descrever. As imagens foram mudando e eu estava entretida com elas. Alguns rostos apareceram... Depois a rua de uma cidade que não me lembro de ter conhecido. Então ouvi a voz do professor que disse "mantenha a lucidez". A imagem desapareceu e me reconectei com o ambiente onde estava: uma aula onde buscava aplicar uma técnica de bioenergia...*

O que aconteceu foi que a aluna estava relaxada, mas perdeu um pouco a lucidez, entrando assim no estado hipnagógico. A voz do professor – estímulo físico – trouxe-a "de volta", ou seja, ajudou na recuperação da lucidez. Neste caso, o perder a lucidez foi como "soltar as rédeas" do controle do cérebro, o qual começou a trabalhar mais independentemente em seus processos internos, ocasionando assim as imagens oníricas descritas pela aluna.

Pois bem, a diferença entre essas imagens e a clarividência é a origem. As imagens oníricas do estado hipnagógico não são produtos de percepção e sim imagens geradas pelo próprio cérebro.

A clarividência é independente da visão física portanto podemos, tecnicamente, fazer exercícios de clarividência com os olhos fechados. Contudo, após alguns minutos de relaxamento nesta condição, grande parte das pessoas entraria em estado hipnagógico. E a pergunta surgiria: hipnagogia ou clarividência?

É também possível que as parapercepções se apresentem mescladas com as imagens oníricas. Por exemplo, o rosto de uma consciex presente pode ser percebido a dez centímetros do seu (clarividência) com dunas de um deserto em "pano de fundo" (imagem onírica). Identificar a fonte das imagens neste estado exige um pouco mais de experiência devido à condição de lucidez relativamente baixa.

Com os olhos abertos, por outro lado, você muito dificilmente conseguirá dormir ou entrar no estado hipnagógico e, sendo assim, pode eliminar a hipótese das imagens oníricas: o que você vê é físico ou extrafísico e vem de fora, não do seu cérebro.

Por isso, as técnicas apresentadas neste livro sugerem práticas com os olhos abertos, eliminando assim o possível enredamento de percepções da hipnagogia.

Imaginação, Visualização

Imaginar ou visualizar é tão diferente da clarividência como imaginar/visualizar *versus* ver (com os olhos físicos). Imaginar significa gerar uma imagem através da atuação do cérebro e do mentalsoma.

Você pode imaginar que o papel das páginas deste livro é verde, mesmo com os olhos abertos. Mas se estiver lúcido e comparar algo de cor verde com a cor do papel, verá rapidamente que estas páginas não estão impressas em papel verde. Estar lúcido ajuda nesta avaliação.

Há autores que diferenciam imaginar de visualizar, estabelecendo que a imaginação se dá dentro da cabeça e a visualização em algum lugar definido no espaço. Por exemplo, posso estar olhando a palma de minha mão direita e visualizar um pêssego sobre minha mão. O fato de que o pêssego está em lugar específico e não na "tela mental", dentro de minha cabeça, classifica o evento como visualização.

Por outro lado, posso fechar os olhos e imaginar que estou à beira de um lago muito tranquilo, imaginar a água, o cenário ao redor, o céu e as nuvens. Neste caso a paisagem é criada no espaço mental ou tela mental dentro da cabeça, qualificando o fenômeno como imaginação.

O termo imaginação é também utilizado para coisas mais abstratas e não necessariamente com forma definida como, por exemplo, "imagine o perfume das flores do campo".

Algo que é "chave", tanto na imaginação quanto na visualização, é a existência de uma força de vontade por trás da experiência *durante* a observação. Tomando uma pessoa relativamente saudável e em vigília física ordinária como referência, a observação passiva, concentrada na recepção de estímulo externo exclui a imaginação. Neste contexto é preciso *querer imaginar* para imaginar e o mesmo se aplica para a visualização. A origem das imagens que imaginamos ou visualizamos é a própria consciência, que a partir do seu mentalsoma pode simular uma experiência visual.

Retire o "querer" e coloque-se em um estado mental mais receptivo e passivo, e tanto a imaginação quanto a visualização já não terão lugar para existir.

Outro aspecto é que por mais esforço que se coloque numa visualização, as imagens geradas nunca chegam a ter a nitidez de uma percepção visual física ou de clarividência. No exemplo de visualizar o pêssego sobre a palma da mão direita, você *sabe* que não tem nenhuma fruta ali.

Assim, se retirarmos o esforço de imaginar durante a observação, não há como confundir imaginação com clarividência, em especial com os olhos abertos e em condições normais de saúde e lucidez. Se você, em tais condições, vê um contorno de dez centímetros, brilhante, ao redor de uma pessoa ao aplicar uma técnica, isto é clarividência.

Clarividência

A clarividência é um modo de percepção visual extrafísica. Conforme apresentado, esse modo de percepção é independente do soma, cérebro e olhos físicos.

A clarividência é também independente de forças físicas como campos elétricos, campos magnéticos, campo gravitacional, ou qualquer das forças básicas conhecidas da natureza física.

Essa independência com relação ao corpo físico pode ser comprovada através de experiência pessoal: é possível observar a aura de uma pessoa durante uma experiência fora do corpo. Já que o psicossoma (corpo astral) não é físico e continua a existir mesmo depois da morte do soma, conclui-se que a clarividência é independente do corpo biológico.

A clarividência pode ser experimentada na ausência completa de qualquer fonte de luz visível, ativada e desativada diretamente através da vontade, dispensando até mesmo técnicas e procedimentos.

Além disso, a clarividência não requer equipamentos, incenso, cristais, amuletos, ou materiais específicos. Basta que se dedique mais atenção para esse modo de percepção no dia a dia.

Rezas, mantras e rituais também não são condições necessárias para a visão extrafísica. Considerando os benefícios mais de longo prazo que buscamos através do parapsiquismo essas práticas não são desejáveis ou indicadas, independentemente de sua eficácia ocasional, por não contribuir em autoconfiança e perpetuar um ciclo de doutrinações restritivas e contrárias a uma lucidez maior.

Modelo de Percepção Visual Multidimensional

O modelo que utilizo para explicar a clarividência sobreposta à visão física é composto de duas telas. Imagine uma primeira tela de pano, opaca, como as de cinema, que estivesse a dois metros de você. Imagine também uma segunda tela, semitransparente, a meio metro da primeira.

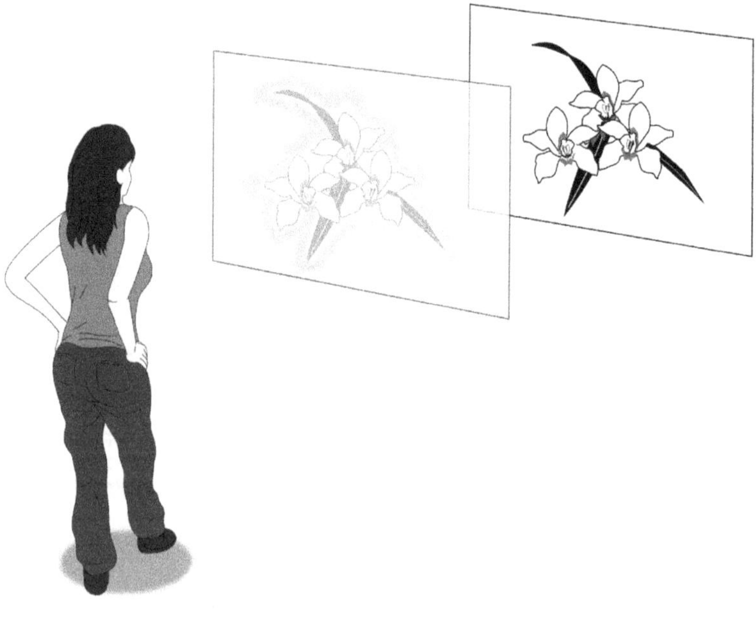

Figura 1: Modelo de percepção visual multidimensional

As imagens vistas na tela de fundo representam a visão física e as imagens na tela semitransparente representam a visão de clarividência.

A visão física é algo bastante claro e objetivo para todos nós. Na analogia das telas, isso significa que a tela de trás (física) tem tanto brilho que torna difícil a percepção do estímulo da clarividência através do psicossoma. As imagens de clarividência apresentadas na tela semitransparente ficam ofuscadas ou imperceptíveis, dado o brilho muito maior da tela de trás.

Por outro lado, é natural e instintivo que busquemos manter a visão intrafísica clara. Se virmos algo que não está de acordo com o que é normalmente esperado em condições normais, esfregamos os olhos, movemos a cabeça, piscamos, ajustamos os óculos, se for o caso, e olhamos uma segunda vez. Esta atitude instintiva de verificar se o que vemos está realmente ali é o equivalente a aumentar o brilho da tela de trás, o que tende a ofuscar o "sinal" da clarividência.

Por exemplo, um amigo próximo descreveu que certa vez estava assistindo à televisão de madrugada, tudo muito silencioso e tranquilo, quando percebeu no canto do olho, ou seja, através da sua visão periférica, alguém passar pelo corredor. A sua reação natural foi virar a cabeça em direção ao corredor – onde viu a suposta pessoa – e verificar se ela estava lá, pois sabia que estava sozinho em sua casa.

Em uma tentativa de clarividência, isto pode ser um problema porque o movimento da cabeça reconectaria o psicossoma ao corpo físico, tornando a imagem que havia chegado através da clarividência menos perceptível. Isso foi exatamente o que aconteceu nesse exemplo: ao virar a cabeça, a visão extrafísica cessou, dando a impressão de que a consciex não estava lá. O relaxamento inicial que favoreceu a visão extrafísica espontânea também se foi com o movimento.

Claro que, com o tempo, podemos aprender a captar as imagens da clarividência mesmo em vigília física, sem relaxamento e até com o corpo físico em movimento. A questão é encontrar o "interruptor" ou "comando mental" para iniciar a clarividência, algo que pode-se desenvolver através de técnicas descritas mais adiante.

A maioria das técnicas apresentadas neste livro busca "diminuir o brilho" da tela da visão física, de modo a facilitar a percepção das imagens na tela da clarividência. Essa diminuição de brilho se dá principalmente através do relaxamento e evitando mover o soma, em especial olhos e cabeça.

Nos capítulos a seguir, veremos mais detalhes sobre como focalizar a atenção na tela da clarividência.

CAPÍTULO 3

Por Que Desenvolver a Clarividência?

Algumas das razões apresentadas a seguir talvez contemplem as razões que o levam a se interessar pela clarividência. Muitos começam a estudar temas como esse com uma base de curiosidade mesclada com certa dose de inconformismo produtivo.

A vida "moderna" raramente deixa muito espaço para reflexão e experiências além do que é considerado normal pela sociedade. A maioria aceita que o trabalho, diversão, descanso e afazeres da dimensão intrafísica preencham 100% das vinte e quatro horas do dia. Raramente a pergunta: "afinal, o que estamos fazendo aqui?" está incluída nas prioridades diárias.

Quem sabe a razão mais importante para desenvolver a clarividência – e o parapsiquismo em geral – seja justamente para trabalhar com tal questionamento. O desenvolvimento do parapsiquismo representa uma nova forma de percepção da realidade ao nosso redor e amplia tremendamente as possibilidades nessa busca.

Autoconscientização Multidimensional

A clarividência aumenta o conhecimento e a experiência prática sobre o que ocorre ao nosso redor, em múltiplas dimensões.

A palavra "clarividência" tem como origem o francês medieval: *Clervoyance* (1580, de *clair* "claro" e *voyence* "vidência, capacidade de ver").

Se por um lado o significado original da palavra "clarividência" pode parecer um pouco presunçoso – pois aqueles que "só" veem o físico parecem ficar em desvantagem – por outro, esse significado traz a ideia de que a percepção puramente física oferece uma fotografia incompleta da realidade.

É relativamente fácil *acreditar* em clarividência. Ler ou escutar relatos de terceiros pode ajudar na compreensão do fenômeno e ampliar o conhecimento de maneira geral. Contudo, é importante manter em perspectiva que a *experiência pessoal*, em primeira mão, é o que vai concretizar os benefícios em termos de crescimento pessoal, em particular aqueles efetivados a mais longo prazo.

Autoconscientização Multidimensional (AM) significa estar ciente das múltiplas dimensões através de experiências pessoais. É a validação da teoria através da prática em primeira pessoa, através do parapsiquismo.

A proposta, portanto, é desenvolver a capacidade de ver dimensões além da dimensão física, para aumentar a autoconscientização multidimensional. E por quê? Porque isto pode representar a ponta objetiva de um *iceberg* extremamente interessante: a exploração da condição de consciência nesta vida, a partir de uma perspectiva além do corpo físico (multidimensional).

Assim, a ideia é que a experiência direta e objetiva de clarividência funcione igual a uma das pontas deste *iceberg* e abra um leque de possibilidades para explorar perguntas como: o que estamos fazendo aqui? Existe missão de vida? Existe vida depois da morte? Se sim, quais são as implicações disto? Há algum tipo de causa e efeito? É necessário ajudar aos outros? Por que me vejo em situações indesejadas? Que importância devo dar ao meu tempo? Estou atuando com maturidade suficiente nos papéis que assumo, como consciência, em minha vida?

O desenvolvimento do parapsiquismo (sem mistérios ou doutrinações) é um dos fatores que mais contribuem para o aumento positivo da autoconscientização multidimensional (AM), o que por sua vez promove a mudança de valores da consciência para a incorporação de elementos extrafísicos.

Fenômeno de Fácil e Rápido Desenvolvimento

Como a clarividência não necessita de um nível de relaxamento ou um estado alterado de consciência relativamente profundo, isso a torna mais acessível mesmo para pessoas que nunca praticaram técnicas similares.

Além disso, a maioria das técnicas pode ser praticada com os olhos abertos tornando-se mais fácil manter a lucidez e evitar cair no sono/sonho, devaneios ou estado hipnagógico.

Na experiência acumulada durante o curso e *workshop* de clarividência apresentado através da IAC, com apenas duas horas e meia de teoria sobre clarividência seguida por duas horas e meia de prática, a maioria absoluta dos participantes relatou percepções de clarividência.

Outras Habilidades Parapsíquicas

A visão extrafísica ajuda a motivar o desenvolvimento de outras habilidades parapsíquicas. Dentre as formas de experimentar dimensões além da física, a experiência lúcida fora do corpo (projeção da consciência, viagem astral) é sem dúvida a mais impactante e produtiva em termos de crescimento pessoal.

Contudo, a projeção exige, de maneira geral, que o corpo físico esteja "dormindo". Por esta razão, a experiência fora do corpo (EFC) é menos frequente *durante* o dia de trabalho, embora resultados (novos princípios e valores) estejam presentes nas vinte e quatro horas do dia, mas dadas suas características, a EFC *em si* não será uma experiência comum no estado de vigília física ordinária.

Existe a projeção da consciência com o soma em movimento, mas essa não é a condição típica deste fenômeno e em geral tais experiências são mais raras e de curta duração.

Por outro lado, a clarividência é algo que pode funcionar durante a vigília, contribuindo para tornar o cotidiano menos restrito à dimensão física e ao imediatismo materialista, o que melhora a autoconscientização multidimensional.

Assim, o experimentador que inclui a clarividência na lista de possibilidades de percepções diárias, diminui a distância entre a dimensão física e as demais dimensões, tornando-se menos materialista na prática e mais sensível (lúcido) à realidade multidimensional.

Autoconfiança e Parapsiquismo

Outro aspecto motivador é que a clarividência em geral não é algo que provoca medo nas pessoas, mesmo para aqueles que nunca tiveram experiências anteriores. As técnicas de clarividência podem funcionar mesmo em um estado de relaxamento relativamente "raso", com os olhos abertos, em um ambiente bem iluminado.

Vale ressaltar que o medo de qualquer tipo de parapsiquismo é injustificado, se entendido como sendo uma habilidade natural. A realidade extrafísica não se altera porque podemos acessá-la ou não.

São várias as origens desses medos. Normalmente, a mídia é a primeira a trazer uma abordagem sensacionalista do parapsiquismo. Os filmes de suspense ou terror, particularmente os de Hollywood, também não ajudam, porque enfatizam aspectos negativos do parapsiquismo.

Algumas religiões também incutem direta ou indiretamente o medo com relação a fenômenos parapsíquicos, provavelmente para manter a dependência dos fiéis ou dar suporte a certos dogmas e, por vezes, para dar continuidade a certas tradições e rituais que se tornariam ilógicos se todos tivessem experiências extrafísicas construtivas.

Há também o resquício da cultura de sociedades secretas da Idade Média, onde o mistério e a complexidade desnecessária acabavam gerando certo receio que, ao fim, conduzem ao medo.

Uma das maneiras de ganhar confiança em sua própria capacidade parapsíquica é a profilaxia de todo e qualquer misticismo, assumindo uma postura positiva e pragmática com relação à multidimensionalidade. Se a intenção é aprender e ajudar, o padrão das energias (holopensene) será positivo e, como consequência, cria-se uma atmosfera favorável à experiências que promovam o crescimento pessoal.

Outra maneira é começar a partir de exercícios básicos de bioenergia e clarividência para que o experimentador sinta que o processo está sob seu controle e desenvolverá autoconfiança através da repetição.

Se esse experimentador acumula dez exercícios com os quais percebe a energia ou vê o energossoma de um colega, o parapsiquismo se torna algo mais comum, acessível, controlável. Esse experimentador também estará motivado a buscar, em seguida, um relaxamento mais profundo e acessar outros tipos de experiência, a aplicar técnicas que necessitem de menos iluminação e assim por diante.

Usar a clarividência como porta de entrada (para outros tipos de parapsiquismo) é tal qual entrar na água aos poucos, acostumando-se com a parte rasa da piscina, avançando progressivamente, depois aprendendo a nadar e, em seguida, partindo para mergulhos mais profundos.

Naturalidade Face às Presenças Extrafísicas

Após alguns anos de *workshops* e aulas práticas de desenvolvimento do parapsiquismo, é possível identificar certos padrões de comportamento e personalidade dos participantes. Um dos padrões é caracterizado por boa quantidade de informação teórica sobre parapsiquismo combinado com algumas experiências práticas, mas com um medo muito grande de presenças extrafísicas. Por exemplo, ao perceber uma consciex dentro do seu quarto, o indivíduo "gela", mesmo sem saber a qualidade da energia da consciex, boa, neutra ou ruim. A presença de uma consciex já é motivo para um quase-pânico.

Isso ocorre, em geral, devido à falta de maturidade parapsíquica do experimentador. Falta acúmulo de experiências e/ou uma "digestão" saudável das mesmas, o que resultaria em uma tranquilidade maior ao ver, "ao vivo e em cores", uma consciência extrafísica.

A questão não é necessariamente a *quantidade* de experiências, já que esta segurança com relação ao extrafísico depende também da personalidade do experimentador, da natureza das experiências e do entendimento que se alcança através delas.

Algo que ajuda bastante no desenvolvimento deste tipo de maturidade é a experimentação controlada da multidimensionalidade. Se o experimentador trabalha bem com as energias, forma o próprio campo através da exteriorização e mantém um padrão de pensamentos e sentimentos positivos, a tendência é que a experiência parapsíquica contribua para o aumento da maturidade consciencial.

O fato de que a pessoa já "viu fantasmas" várias vezes, em condições controladas, contribui com o desenvolvimento de certo "desassombro" positivo. Sendo a clarividência um fenômeno relativamente acessível e controlável, essas vivências servem como degrau para ganhar confiança e desenvolver outras formas de parapsiquismo.

Lucidez e Percepção Visual

No tópico "Percepção de Imagens", são apresentadas as várias maneiras com as quais é possível ter experiências visuais, incluindo a visão física e a clarividência.

Vários dos procedimentos apresentados no capítulo "Técnicas de Clarividência" trabalham com o aprimoramento da acuidade da percepção física para chegar à clarividência. O desenvolvimento desta acuidade é na verdade positivo e desejável em várias situações do dia a dia, até para que estejamos mais presentes e mais em contato com detalhes dos ambientes onde estamos. Assim, temos também a vantagem secundária do aprendizado de discernir as várias formas de percepção visual.

Na medida em que comecei a estudar a clarividência mais profundamente, por exemplo, tornou-se necessário conhecer melhor a minha própria percepção visual. Neste processo, comecei a perceber *nuances*, reflexões, diferentes tipos de acabamentos de superfície, detalhes e diferenças de cor e luminância nos objetos em geral que antes não percebia.

Presenças Extrafísicas

Jane, uma aluna de um dos *workshops*, relatou que ao entrar num apartamento que visitava ao buscar uma nova residência, sentiu claramente uma "atmosfera" estranha. Algo naquele ambiente gerava uma sensação ruim. Jane atribuiu a sensação à presença de consciências extrafísicas no apartamento que geravam um padrão de energias desconfortável.

Num caso destes, a clarividência poderia ser utilizada para identificar a presença de "espíritos" (consciências extrafísicas, consciexes) em um dado ambiente. Esse tipo de percepção em geral é indireto, ou seja, não se vê necessariamente a consciência extrafísica em si, rosto, roupas e demais detalhes, mas sim os efeitos de sua energia ou o contorno energético da consciex presente.

Desta maneira, o indivíduo poderia avaliar se a casa que deseja comprar ou alugar já tem residentes extrafísicos.

Quando começamos a reforma de um apartamento que acabáramos de comprar, em Miami, percebemos a presença de uma consciex, em particular durante a retirada do papel de parede da cozinha.

Como percebi algumas vezes a presença de uma consciex em particular, várias vezes, naquele dia, comentei tal fato com a Patrícia, que confirmou também haver sentido uma presença em vários momentos.

A consciex não era negativa, mas deixava claro que não estava feliz com as modificações, através de seus pensenes. Observamos antes da compra que o apartamento tinha uma decoração muito particular, sugerindo capricho e escolha cuidadosa de cada peça. Compramos o imóvel de herdeiros da senhora que vivia ali e falecera no hospital, vários meses antes.

Com o acúmulo de interações com a consciex e um pouco de senso comum conectamos os pontos: a consciex que estava ali era a ex-proprietária do apartamento. Uma experiência fora do corpo e algumas observações de clarividência reforçaram a conclusão.

A partir disso, estendemos a reforma para a dimensão extrafísica, trabalhamos com energia, principalmente exteriorizando (ver exercícios de preparação), com o padrão de pensamento diplomático e assertivo, algo nesta linha: "*olha, sei que você gosta muito deste lugar e em particular da decoração anterior, mas nós agora moramos aqui, e você já não precisa de uma casa por ser consciex, pode estar mais livre. Assim, vamos fazer umas modificações e estabelecer um padrão de energia nosso...*"

A implantação de um novo padrão de energias provavelmente contribuiu para que a consciex entendesse a sua nova situação e progressivamente diminuísse o apego ao local físico. Duas semanas após o término da reforma, deixamos de sentir a presença da consciex.

Acoplamento Energético

Conforme apresentado no capítulo de definições, este fenômeno tem base em algum ponto de afinidade entre as consciências envolvidas: um pensamento, atividade, ou emoção, por exemplo.

O acoplamento energético verificado nas combinações entre consciência intrafísica e extrafísica normalmente altera o formato da região (ou camada) mais externa das psicosferas energéticas das consciências acopladas, tornando possível a percepção do mesmo através da clarividência.

Se você encontra um amigo com o qual tem muita afinidade, é natural que você e esta pessoa entrem em acoplamento áurico após alguns minutos. Se um terceiro observasse a conversa a certa distância, veria algo mais ou menos assim:

Figura 2: Acoplamento áurico

Se o acoplamento se dá entre consciência intrafísica e extrafísica poderíamos ver alterações na região mais externa da psicosfera, nos seguintes formatos:

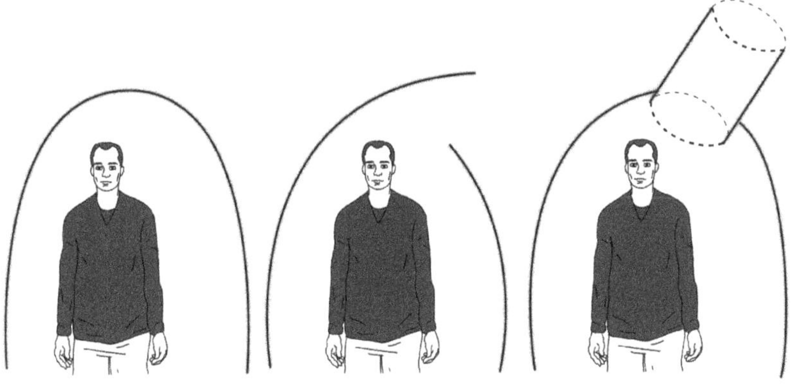

Figura 3: Alterações no formato da aura

A percepção de alteração do formato da aura não necessariamente oferece informação sobre a qualidade da consciência extrafísica acoplada, ou seja, pode ser uma consciência que quer ajudar, prejudicar, ou que pensa estar ajudando, porém na verdade dificulta o progresso da consciência com a qual está acoplada. Para identificar a qualidade da consciência extrafísica, é necessária uma leitura energética da mesma.

Ainda assim, identificar através da clarividência se a conscin com a qual falamos está ou não acompanhada de consciexes é um dado que pode ajudar na compreensão do contexto multidimensional da conversa.

Por exemplo, ao perceber que Maria está acoplada energeticamente a uma consciex, você pode começar a se perguntar: por que a companhia? Isso altera o padrão das ideias ou do comportamento de Maria? Em que sentido? Para mais ou menos lucidez? Mais pacificador ou mais conflitivo? Em outras palavras: perceber através da clarividência que há uma presença extrafísica dá início a uma série de observações intra e extrafísicas, que talvez não acontecessem sem a pista inicial parapsíquica.

Este tipo de observação é o que amplifica a experiência multidimensional: uma interação corriqueira – a qual normalmente seria esquecida em minutos – pode tornar-se uma experiência mais rica e interessante que contribui para a evolução pessoal e maturidade parapsíquica.

Corroborar Percepções

A clarividência serve também para corroborar outros tipos de percepção extrafísica.

Examinemos a seguinte situação: você trabalha em um lugar onde um de seus colegas apresenta grandes variações de humor na semana. Um dia está bem, no outro está excessivamente cínico e agressivo, sem nenhuma razão lógica aparente.

Casos como este podem ser explicados através da presença de companhias extrafísicas que influenciam o colega de trabalho. Nos dias "bons" não há conexão e presença de companhias extrafísicas negativas e nos dias "ruins" essas consciências estão conectadas energeticamente ao colega de maneira a promover e amplificar a agressividade negativa.

Suponha que você tem necessidade de discutir aspectos sérios de trabalho que incluem a crítica a algumas decisões desse colega. Neste caso seria inteligente escolher um dia "bom". Para isso, seria necessário detectar as presenças extrafísicas. Há algumas maneiras de se fazer isso com distintas modalidades de parapsiquismo: intuição, percepção energética e clarividência, por exemplo.

Na medida em que você desenvolve mais de uma parapercepção, poderá ter mais certeza da informação proveniente de outras dimensões. A intuição, por exemplo, poderia ser uma fonte, mas devido à natureza deste tipo de percepção (a informação chega sem explicação de contexto ou raciocínio) fica em geral difícil confiar nela. Ora, se através da clarividência você pudesse ver o formato da aura daquela pessoa e identificasse que existe, sim, uma presença extrafísica, isso traria mais segurança para confiar na intuição.

Em outras palavras, dado o fato que presenças extrafísicas são em geral percebidas de maneira intuitiva ou energética, a clarividência se torna instrumental para validar, visualmente, tais percepções.

A confirmação não significa que uma habilidade parapsíquica seja superior à outra, de maneira absoluta e em qualquer situação, somente que, quando existir intercessão entre habilidades para um tipo de informação extrafísica, o desenvolvimento de múltiplas habilidades aumenta a certeza que se tem sobre a informação.

Naturalmente, certos tipos de informação são mais facilmente percebidos através de habilidades parapsíquicas específicas. Por exemplo, é mais fácil para a maioria detectar acoplamento áurico através da clarividência, mas por outro lado é mais fácil detectar a qualidade da bioenergia através da psicometria.

CAPÍTULO 4

Características da Clarividência

Pode Ser Aprendida e Desenvolvida

Como qualquer habilidade consciencial, a clarividência pode ser desenvolvida em qualquer idade, mesmo sem experiência parapsíquica anterior; basta um pouco de técnica e dedicação.

Assim como em outras habilidades humanas, há indivíduos com muita facilidade e que desenvolvem a clarividência já na infância, naturalmente, e outros que, em poucas tentativas já descrevem percepções visuais de várias dimensões. Para alguns, é necessário um pouco mais de tempo e persistência para chegar a um bom nível de clarividência.

Assim, é normal que em um grupo de vinte pessoas, por exemplo, o desenvolvimento da clarividência aconteça de maneira não uniforme: cada indivíduo tem um conjunto específico de habilidades, desenvolvido e especializado nesta vida e em vidas anteriores, conforme a necessidade e tipos de experiência acumulada.

De maneira geral, aqueles que apresentam melhor capacidade de relaxamento e concentração têm facilidade maior para a clarividência. O capítulo "Exercícios de Preparação" apresenta estas e outras habilidades básicas que facilitam o desenvolvimento neste sentido.

No meu caso, por exemplo, o desenvolvimento da clarividência foi a partir do "zero absoluto". Nos primeiros exercícios, por mais que fizesse esforço, não via nada além do físico. Lembro inclusive de aulas das quais participei, na época, em Curitiba, onde todos os demais alunos tinham percepções interessantes e eu não via nada. Era sempre o pior da turma. Hoje, não me considero um super clarividente, mas considerando que saí do *"zero"* e cheguei à capacidade de percepção e controle atuais, posso dizer que o progresso é visível – literalmente.

Capacidade de Magnificação (Zoom)

Algo interessante na clarividência é a possibilidade de aumentar, aparentemente sem limites, o tamanho do objeto observado. Há relatos de pessoas que veem detalhes de pequenos objetos ou de insetos de poucos milímetros posicionados a vários metros como se estivessem sendo vistos através de uma lente de aumento ou microscópio [Wasielewski, 50, p. 227]. Ainda que os mecanismos desse tipo de percepção não sejam conhecidos em detalhe, os relatos indicam que a percepção é independente de vários aspectos da ótica física.

Não é Limitada aos Olhos Físicos

Esta capacidade é experimentada em geral fora do corpo, onde se pode "ver", através da mão ou da parte posterior da cabeça, por exemplo. É como se toda a superfície do psicossoma pudesse receber imagens. Ou seja, se colocasse a mão atrás de um objeto que bloqueia a visão normal, poderia "ver" o que não está acessível aos olhos "com a mão".

Outra consequência dessa característica é que uma pessoa fisicamente cega pode perceber imagens através da clarividência, dentro ou fora do corpo.

O que torna a questão um pouco mais complexa são os paradigmas e condicionamentos que limitam a percepção. Como estamos acostumados com um campo de visão de 180 graus ou menos, a tendência é que esta experiência seja repetida fora do corpo.

No caso da conscin cega, a sua experiência cotidiana não inclui imagens, tornando-se necessário que ela quebre este paradigma para começar a ver através da clarividência, algo não necessariamente trivial. Em relção à questão da linguagem: em geral se diz que a pessoa que não pode ver *é* cega e não que *está* cega. Explicar o "ver" a um cego seria como explicar o sabor de uma fruta para outrem que não a conhecesse, mas sem usar nenhuma referência ao paladar.

Contudo, algo que demonstra a independência entre visão física e extrafísica, bem como a possibilidade de superação dos condicionamentos são os relatos de experiências fora do corpo (EFC) e de experiências da quase-morte (EQM) de pessoas fisicamente cegas, até mesmo cegos de nascença, que tiveram experiências visuais enquanto estavam fora do corpo [Ring and Cooper, 41; página 21] [IANDS, 27].

Independe da Iluminação Física

A percepção da clarividência se dá através de um corpo extrafísico – o psicossoma – enquanto a iluminação física pertence à dimensão física, ou seja, a percepção da clarividência está em uma dimensão diferente do estímulo da luz física. Os olhos físicos respondem ao estímulo da luz, a clarividência não. Logo, é possível ver através da clarividência em ambientes claros, de penumbra ou até totalmente escuros, onde não contamos com nenhuma lâmpada, vela, ou fonte luminosa proveniente da dimensão física.

Por outro lado, sabemos que a clarividência é facilitada em condições de iluminação física reduzida, em especial para a pessoa iniciante, devido ao explicado no Capítulo 2, no tópico onde abordou-se o *modelo de percepção visual multidimensional.* Em resumo, a redução da intensidade luminosa física diminui o estímulo físico e facilita a percepção do *para*estímulo da clarividência.

Um dos procedimentos propostos no capítulo "Técnicas de Clarividência" inclui exercícios na ausência total de luz, algo que pode trazer evidência pessoal dessa característica do fenômeno.

Há também técnicas antigas que sugerem exercícios de clarividência ao nascer do sol ou ao por do sol, provavelmente com o mesmo objetivo de reduzir o estímulo físico e facilitar a identificação da parapercepção.

Contudo, ainda que a maior parte dos relatos de clarividência espontâneos aconteça de noite ou em condições de iluminação reduzidas, há também relatos de percepção de energias, auras e consciexes sob a luz direta do sol, mostrando a independência entre iluminação física e extrafísica.

Não está Restrita ao Espaço

A visão remota ou clarividência viajora permite a observação de eventos a milhares de quilômetros de distância.

Sintonia

A clarividência pode sintonizar (ou filtrar) dimensões específicas, característica interessante e muito diferente da visão física. Na dimensão física, se colocamos uma cadeira a nossa frente e olharmos diretamente para ela, não há como *não* vê-la: a cadeira está lá e, em condições físicas, ambientais e somáticas normais, é olhar e ver.

Com a visão extrafísica, a história é diferente. Há exercícios de clarividência em que dois observadores têm percepções diferentes, no mesmo momento de um exercício em particular. Por exemplo, um observador pode ver somente o coronochacra do professor, percebido na forma de um disco luminoso a alguns centímetros da parte posterior da cabeça, enquanto outro, simultaneamente, vê somente uma consciex em pé, ao lado do professor, sem nenhuma percepção do coronochacra.

A explicação é que o primeiro aluno estava sintonizado na dimensão energética, enquanto o segundo estava sintonizado na dimensão extrafísica. Tanto o coronochacra quanto a consciex estavam lá, porém cada um dos alunos viu *parte* da realidade à sua frente, cada um sintonizado em uma dimensão.

Outro exemplo de sintonia é o caso onde um dos experimentadores vê uma consciex A, em um cômodo de sua casa, e um segundo experimentador vê três consciexes A, B e C. Isso ocorre porque a consciex A estava em uma dimensão extrafísica mais densa, enquanto B e C estavam em uma dimensão mais sutil.

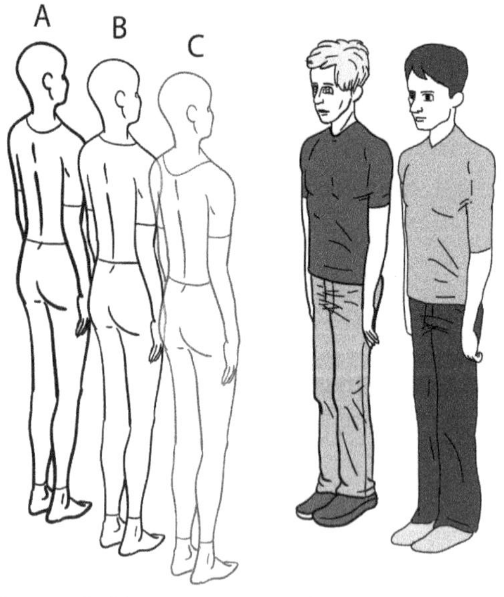

Figura 4: Três consciexes, dois experimentadores

Assim, pode-se dizer que o segundo experimentador estava com a sintonia em uma dimensão mais sutil do que a do primeiro. Como regra geral, pode-se ver sempre do mais sutil para o mais denso, por isso a percepção do segundo experimentador inclui a percepção da primeira consciex A.

Para o primeiro experimentador, sintonizado na dimensão extrafísica mais densa, as outras duas consciexes B e C são "invisíveis".

Um argumento lógico que dá suporte a essa capacidade de sintonia é o seguinte: considerando que podemos ver a aura de outras pessoas, mas temos também nossa própria aura, se necessariamente e sempre tivéssemos que ver as energias à nossa frente, sempre veríamos a nossa própria aura à frente de tudo, já que esta está sempre mais próxima do que qualquer elemento externo, ou seja, para ver algo localizado a três metros de distância, você precisaria ver "através" de sua própria aura.

A analogia é a seguinte: para que alguém veja a lua, a partir da Terra, a informação luminosa precisa atravessar a atmosfera. De maneira análoga, se pensamos que nossa aura é uma atmosfera energética, ao nosso redor, é necessário que a informação energética, que vem de uma pessoa que estamos observando, atravesse a nossa própria psicosfera.

Alguns exemplos de sintonia de observação da aura

Há muitas cores, formas e movimentos que podem ser identificados ao redor de uma pessoa, sendo a sintonia do experimentador o principal fator determinante da observação.

Uma das percepções mais frequentes, em especial no início, é o energossoma em si, normalmente descrito como um contorno luminoso e de brilho "vivo", às vezes leitoso ou tendente ao prateado. A espessura desta camada varia entre um e cinco centímetros, com tamanho típico ao redor de três centímetros.

O energossoma pode ser visto ao redor de todo o corpo da pessoa observada, somente de um lado da pessoa, ou somente ao redor dos braços, ombros e cabeça.

Figura 5: Energossoma

O coronochacra está na parte superior e na metade de trás da cabeça, com miniaura em forma de disco, a cerca de três centímetros do cocuruto, por vezes parecendo um globo parcialmente fundido com o crânio. O coronochacra em forma de disco é curiosamente bem representado em certas pinturas do século XVI, onde figuras sagradas apresentam um disco ao invés de anel para representar a auréola.

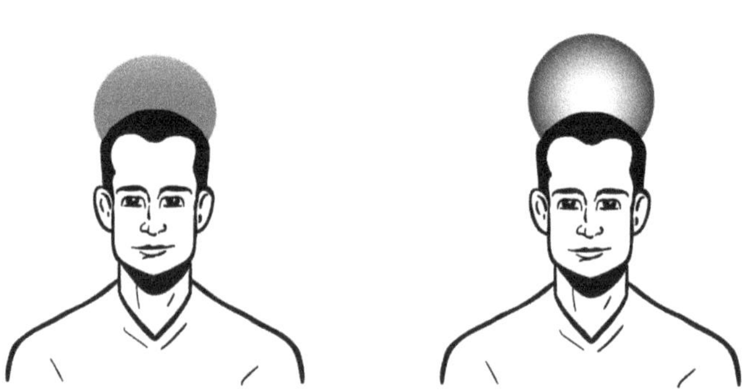

Figura 6: Coronochacra

A aura é uma espécie de campo, parecendo uma bolha que nos envolve e que tem tamanho típico entre cinquenta centímetros e um metro. Em alguns casos e condições mais raras, a aura pode alcançar vários metros.

Existem duas áreas de observação básicas que se pode identificar na aura: a mais interna, desde a pele até aproximadamente dez centímetros, e a mais externa, entre dez centímetros e um metro.

A área interna é a mais estável e onde normalmente se percebe mais cores, tipicamente em degradê. Há momentos também que se pode observar um "vazio" ou transparência entre o energossoma e o contorno externo dessa primeira área de observação.

A área externa, por sua vez, é bastante dinâmica, com movimentação frequente, quase elusiva, parecendo mudar a cada pensamento da pessoa observada. A observação dessa área mais externa pode dar-se como se fosse uma série de fotografias, ou seja, em períodos curtos onde se vê o contorno externo da aura, intercalado com períodos em que a mesma desaparece.

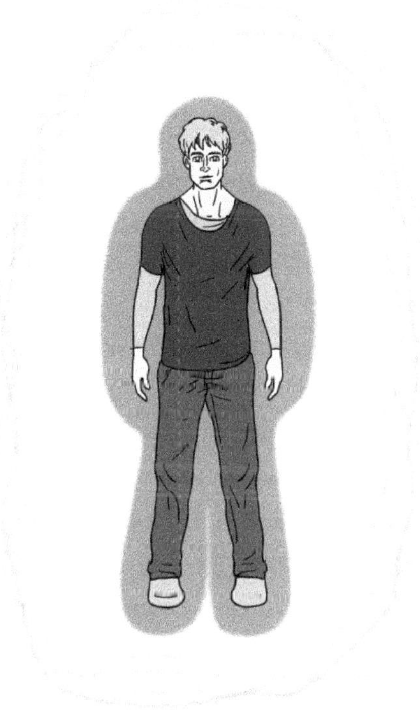

Figura 7: Aura

Técnica para treinar a mudança de sintonia

E como mudar a sintonia? Tendo em vista que o comando da sintonia da clarividência é algo subjetivo, faz-se necessária a utilização de técnicas que busquem este controle de maneira indireta.

A mudança de atenção para a visão periférica é uma dessas técnicas, pela qual buscamos provocar a mudança de sintonia de um elemento da aura para outro, com o deslocamento do foco de atenção.

Por exemplo, se você tem facilidade de ver o energossoma, mantenha o ponto central de sua visão em um ponto do energossoma que possa ver com clareza. Em seguida, desloque a sua *atenção* (sem mover os olhos ou a cabeça) para uma região mais periférica de sua visão e busque ver outro elemento da aura. Se você está olhando o energossoma no braço da pessoa, use a visão periférica para identificar o coronochacra. À medida que o coronochacra se torna visível, isto significa que você mudou a sintonia para a "frequência" do coronochacra. Quando o coronochacra estiver claramente visível, você pode mover a cabeça/olhos para "centrar" a visão no coronochacra e repetir o ciclo: usar a visão periférica para tentar observar a camada interna da aura e assim por diante.

Outra técnica para aprender a controlar a mudança de sintonia é colocando a atenção em um chacra específico enquanto observa algo através da clarividência. Podem ser necessárias algumas tentativas até que essa técnica funcione bem. Não desanime se nas primeiras vezes em que concentre a atenção no frontochacra, por exemplo, a clarividência desapareça. Esta técnica exige a atenção dividida, pois você deve manter parte da atenção no que observa, através da clarividência, e ao mesmo tempo voltar metade de sua atenção para um chacra, como o fronto, corono, ou laringochacra.

Quando conseguir dedicar metade de sua atenção a um chacra específico, o segundo passo consiste em exteriorizar suas energias suavemente por esse chacra. Tanto a atenção como a exteriorização ajudam a "trocar o canal" de observação extrafísica.

Essas técnicas de mudança de sintonia funcionam bem em combinação com a "Técnica do campo interpalmar" descrita no capítulo

"Técnicas de Clarividência", em especial quando o chacra escolhido é o frontochacra. Pode-se também tentar conectar o frontochacra energeticamente com o campo entre as palmas das mãos. É comum que se observe mudança de cores, percepção do energossoma entre as mãos e a percepção de sua própria psicosfera, de dentro para fora.

Sobreposição de Dimensões

Segundo o *modelo de percepção visual multidimensional*, apresentado anteriormente, quando se faz um exercício com os olhos abertos e luz suficiente para a visão física, as percepções físicas e extrafísicas se apresentam para o experimentador de maneira sobreposta, ou mesclada.

A percepção da clarividência é menos intensa do que a percepção física em grande parte das vezes. Contudo, há casos onde a parapercepção se torna mais forte do que a percepção física, causando efeitos interessantes, por exemplo a habilidade de ver *através* de objetos físicos ou situações onde objetos físicos "desaparecem", porque o foco de atenção naquela região foi totalmente voltado para a percepção extrafísica.

O predomínio da visão extrafísica nesta sobreposição normalmente exige um nível de relaxamento mais profundo, mas pode até acontecer no estado de vigília física ordinária. Por exemplo, no início de um dado exercício, lembro que podia ver um dos participantes, conscin, claramente, a mais ou menos três metros a minha frente, um pouco à esquerda. Essa pessoa estava sentada em uma cadeira, à frente de várias cadeiras empilhadas ao fundo da sala. A pilha de cadeiras chegava a uma altura pouco acima de sua cabeça.

Na medida em que se desenvolveu o exercício, percebi sua aura, alguns movimentos de energia no ambiente e a presença de uma consciex mais à direita, percepções típicas deste tipo de prática. O que me chamou atenção foi que, em um dado momento, podia ver *através* da cabeça da pessoa (física, conscin) à minha frente, como se sua cabeça tivesse desaparecido. Podia ver com clareza o corpo do participante até os ombros. O pescoço e a cabeça estavam totalmente invisíveis e podia ver a pilha de cadeiras que normalmente estaria parcialmente coberta por sua cabeça. Contei o número de cadeiras empilhadas que podia ver durante a experiência para certificar-me da percepção, posteriormente.

A partir dessa experiência, notei que existem pelo menos dois tipos de "desaparecimento" relacionados à clarividência. No exemplo acima, a sintonia da clarividência permitiu ver *através* de algo físico, a cabeça do participante, que tornou-se transparente (ou invisível). Este tipo de visão através de objetos físicos é mais raro. Neste tipo de experiência, o relaxamento do soma é tão profundo que "desliga" a visão física, de maneira que toda a percepção visual passa a ser de clarividência, tal como em uma experiência fora do corpo.

Assim, a experiência é regida pelas características da percepção visual extrafísica, que inclui a transparência seletiva (ou total, em certos casos) de objetos físicos. O "desligamento" da visão física pode também ser parcial, de maneira que parte da percepção visual seja completamente extrafísica e parte seja mescla de intrafísico e extrafísico. Na analogia das telas, para as áreas onde a visão se tornasse completamente extrafísica, seria como se a "tela da clarividência" adquirisse um brilho tão intenso que a tornasse praticamente opaca, bloqueando as imagens da visão física.

O segundo tipo de "desaparecimento", mais comum, ocorre quando você sintoniza a clarividência nas energias (dimener), entre você e o objeto observado. A percepção da dimener, nesse caso, se dá como se houvesse um nevoeiro no ambiente observado, tão denso que não permite a observação de nada que esteja a mais de meio metro de distância. Assim, você descreveria que a outra pessoa, a dois metros de você, "desapareceu", por estar atrás do nevoeiro.

Percepção de Cores

Este é um ponto que muitas vezes gera controvérsia. Há vários livros que apresentam tabelas e significados para as mais diversas cores. A questão é que tanto a experiência pessoal quanto o resultado de percepções de pesquisadores e experimentadores independentes mostram que as cores não são necessariamente indicadores universais de características (ou estados de saúde e doença) do indivíduo observado.

A psicosfera – campo energético individual – é algo bastante dinâmico. Um pensamento ou sentimento pode alterar a forma, cor e movimento da parte visível dessa psicosfera, ou aura. O movimento de energias, através da vontade, também pode alterar a cor e a forma da aura e a velocidade dessas mudanças pode ser muito rápida. Assim, qualquer cor observada resultaria em uma foto do estado da aura no momento observado e não necessariamente a média ponderada do estado das energias do indivíduo. Avaliar uma pessoa assim seria equivalente a dizer que uma pessoa se veste sempre muito formalmente, ao olhar uma foto, do dia de sua formatura.

Além disso, sabemos que a consciência é bastante complexa e dez ou quinze cores certamente não capturam tal complexidade de maneira integral. A análise que busca encaixar as pessoas em uma cor da paleta seria tão superficial quanto medir a qualidade de um jogador de futebol somente por sua capacidade de correr ou resistência aeróbica. Sabemos que um bom jogador necessita de várias outras qualidades além da capacidade de correr para ter sucesso e que a característica deste jogador envolve também aspectos mais complexos a exemplo da personalidade e da motivação.

Sabe-se também, através da prática, que dois observadores podem ver cores diferentes na mesma pessoa observada, ao mesmo tempo, no mesmo experimento, algo que se deve em parte à questão da sintonia da clarividência. Sabrina e José, que observavam um professor, em uma aula de clarividência, viram a sua aura verde e azul respectivamente, durante todo o exercício. Num caso destes, como se interpretaria a cor?

Podemos também abordar o ângulo cultural, já que a influência mesológica tende a trazer parcialidade às análises. O vermelho, por exemplo, pode fazer referência ao perigo ou sensualidade nas culturas ocidentais, enquanto, na cultura chinesa, o vermelho é cor imperial. Assim, a interpretação desta cor na aura de uma pessoa poderia ser "paixão", na cultura ocidental, e quem sabe "poder" em uma cultura oriental.

Outro aspecto com relação às cores é que muitas vezes o observador apresenta certa dificuldade para descrever as *nuances* e texturas em termos físicos.

Há pessoas que veem muitos detalhes na energia e eventos extrafísicos, porém não observam cores ou descrevem tons específicos.

As complexidades da observação de cores, bem como a resultante das experiências pessoais e análise de centenas de relatos de clarividência sugerem que a abordagem mais produtiva é criar um código *individual* de cores. Em outras palavras, parece mais produtivo que cada experimentador procure identificar padrões e significados relativos, através do acúmulo de experiências pessoais.

O experimentador pode validar esses mesmos padrões e significados através do uso de outras formas de parapsiquismo, por exemplo, psicometria ou intuição, ou mesmo através da verificação prática de certas informações combinadas com a clarividência.

Por exemplo, suponha que o experimentador observe a cor verde em algumas pessoas, porém não em todas. Suponha também que a partir dessa observação, esse experimentador crie uma hipótese de que o verde está correlacionado com um padrão de energia mais racional e menos emocional. O experimentador poderia, com o tempo, observar a aura de várias pessoas que conheça o nível dado de racionalidade ou emocionalidade e com isso verificar a validade de sua hipótese.

Clarividência Local

Para melhor caracterizar este fenômeno, apresento a seguir alguns exemplos de clarividência local, selecionados entre os tipos mais comuns de percepção, extraídos principalmente da experiência de *workshops* práticos.

Começo da percepção extrafísica

Uma das percepções visuais extrafísicas mais comuns em exercícios práticos, com luminosidade reduzida, é a sensação de variação de luminosidade no ambiente. Outra percepção é de começar a ver as coisas como se fosse negativo de foto, daquelas de antes das câmeras digitais.

Também é relatada, com certa frequência, a sensação de afastamento ou aproximação da pessoa observada, percepção de que o teto passou a ser mais alto ou mais baixo, ou de que a distância entre paredes laterais mudou, além de outros tipos de alteração da percepção do espaço físico.

Essas experiências, em geral, se dão no início da percepção visual *extrafísica* (paraolhos, psicossoma), quando é comum a mescla com a percepção visual *física* (olhos, soma), causando aparentes distorções da dimensão física.

No curso chamado "Campo Projetivo", três participantes da equipe de apoio observavam o professor-epicentro entrando no salão e perceberam a sua altura como se fosse de dois metros e meio, claramente incoerente com a altura real desse professor, que era de aproximadamente 1,75 metros. A distância entre o professor e os observadores era de aproximadamente 15 metros e, apesar das condições de iluminação estarem reduzidas, os mesmos observadores podiam comparar a altura do professor com a altura de uma cadeira próxima, que não se apresentava distorcida.

Estando os observadores em um estado de relaxamento um pouco mais profundo, porém alertas, a clarividência foi facilitada. O professor observado validou posteriormente a percepção, informando a presença de uma consciex muito mais alta, conectada energeticamente a ele no momento aproximado da observação. Portanto, o que os três participantes da equipe provavelmente viram foi a resultante da imagem *física* do professor e da imagem que veio através da clarividência da consciência *extrafísica*, tendo como resultante a impressão de que o professor fosse muito mais alto.

Em outra data e outra cidade, mas em um curso do mesmo tipo, onde também participava da equipe de apoio, estava sentado em uma cadeira ao lado sul do salão de eventos. Ao olhar para o chão, coberto por um tapete com um desenho em padrão com cores vinho, preto, bege e verde, tive a percepção de que o chão se movia em ondas suaves, de mais ou menos cinco centímetros de altura, vindo da minha direita para a minha esquerda. As ondas do piso foram aumentando pouco a pouco até chegar a uma altura de aproximadamente dez centímetros. Neste ponto, podia inclusive mover a cabeça e os olhos e a percepção de ondulação não cessava, demonstrando que a clarividência estava "ativa" e sintonizada naquela percepção em particular.

Alguns momentos depois, pude também controlar a clarividência de maneira que podia ver as ondulações (físico + extrafísico) ou somente o piso com o tapete estático (físico), de acordo com o comando da vontade. Quando decidia ver as ondulações, podia mover a cabeça, os braços e as pernas e continuar vendo a intercessão da percepção física e da dimensão energética, que tinham como resultante a interessante percepção do piso maleável e que se movia em ondas.

Dimensão Energética

A dimensão energética é normalmente percebida como uma névoa, nuvem ou fumaça branca, comparável com a percepção que se tem ao olhar pela janela de um avião enquanto se atravessa uma nuvem.

Em uma pesquisa realizada em *workshops* de clarividência, 44% perceberam tal névoa.

Outra percepção comum é a que se tem quando se olha para o céu ou para o horizonte, em especial em ambientes com muita energia natural. Aí observam-se pontos luminosos de aproximadamente um centímetro de diâmetro a uns dez metros de distância que se movem de maneira aleatória, como se fossem uma nuvem de mosquitos, mas ao invés de mosquitos, pontos luminosos, brancos, brilhantes. A Técnica da Aeroenergia, descrita no capítulo "Técnicas de Clarividência", normalmente gera esse tipo de percepção.

Também na dimensão energética é possível ver sua própria aura, de dentro para fora, algo que você pode tentar em sua própria cama, aproveitando o relaxamento e as condições de iluminação reduzida, que facilitam o processo.

Dimensão Extrafísica, Indiretamente

A percepção indireta da dimensão extrafísica se dá quando vemos reflexos energéticos de consciexes através da bioenergia que elas movimentam.

Por exemplo, lembro de ocasiões em que vi um aglomerado de pontos luminosos movendo-se aleatoriamente, parecido com a descrição da percepção da dimener, apresentada anteriormente, porém mais concentrada e limitada a uma área mais ou menos igual à área de um rosto. Normalmente, tal percepção indica para mim a presença de uma consciex naquele local.

Em uma experiência de clarividência espontânea que aconteceu no estado intermediário entre a saída do sono e estar desperto (estado hipnopômpico), deitado no sofá da sala, percebi uma forma brilhante a mais ou menos quatro metros de distância, entre as samambaias, no formato de olho de gato, mas medindo uns vinte centímetros de altura e uns cinco de largura, flutuando no ar mais ou menos a um metro e meio do chão... Deveria ter uns doze anos na época e não pude encontrar explicação para o que vi. Bastante tempo depois, ao aprender mais sobre o extrafísico e fenômenos parapsíquicos é que entendi o evento como a manifestação energética de uma consciência extrafísica (consciex) que estava lá, naquele momento.

Ou seja, a identificação da presença da consciex, algo na dimensão extrafísica, não ocorreu porque vi a consciex diretamente, mas sim a manifestação da energia da consciex no ambiente.

Em um exercício de clarividência baseado em acoplamento áurico, vi uma consciex atravessando o salão, mas somente os contornos de energia mais brilhante, tal como mostrado ao final no clip da música *Thank You*, de Alanis Morissette[2], onde uma entidade semitransparente interage com a cantora em um supermercado.

Dimensão Extrafísica, diretamente

Um tipo de percepção, talvez um pouco mais raro, porém bastante interessante, é quando podemos ver pessoas, objetos e eventos na dimensão extrafísica, diretamente.

Em certos casos, pode-se ver a consciência extrafísica com tanta nitidez que o observador até o confunde com uma pessoa física. Mais tipicamente, a percepção da consciex se dá em cores desbotadas, com aparência semitransparente.

O relato a seguir, de Kathleen, traz um caso de clarividência espontânea e tão evidente quanto a visão física:

> *Estava em uma festa na casa de um amigo e em um dado momento entrei em um cômodo vazio da casa do anfitrião, onde havia um espelho grande com moldura elaborada, destes usados como decoração clássica e que ficam encostados na parede.*

---

2 Alanis Nadine Morissette (Ottawa, 1 de junho de 1974) é uma cantora, compositora, atriz, diretora de videoclipes e produtora canadense. Seu estilo musical varia entre rock alternativo, post grunge, pop rock e pop.

> *Estava só neste ambiente e parei à frente do espelho onde fiquei olhando para meu rosto por alguns minutos. Em seguida vi, além de minha própria imagem refletida, duas pessoas, com clareza total, em detalhes, aproximadamente a um metro atrás de mim, uma de cada lado, com uma expressão neutra.*
>
> *Quando me virei para ver quem eram aquelas pessoas que apareceram subitamente, elas desapareceram!*

O movimento do corpo físico provavelmente retirou o experimentador do estado de relaxamento que permitiu a clarividência espontânea.

Segue outro relato de percepção direta, de um exercício prático de clarividência:

> *...vi um senhor, com idade aparente de quarenta anos, vestido com roupas em tom bege, calça cáqui, camisa social simples, mangas dobradas, sem barba, uma cara mais magra, pele morena... O cabelo era alto, como se fosse um topete daqueles dos anos 70... Ele passou caminhando desde lá [...] até este lado da sala, andando devagar, mas determinado, como se estivesse em meio a uma tarefa... O psicossoma dele era semitransparente quando ele estava mais longe, mas quando comecei a reparar nos detalhes e cores da roupa a impressão é que ele se tornou mais opaco, mais visível. Vi também que quando ele passou perto da Eliane as energias [dele] interagiram [com as dela], como se fosse um vento.*

Este relato descreve detalhes da consciência extrafísica, como características do rosto e roupas, o que mostra um acesso direto à dimensão extrafísica. Se o observador estivesse projetado, veria aquela consciência extrafísica com o mesmo nível de detalhe. O experimentador também indica um pequeno ajuste de sintonia, ao mencionar a mudança de opacidade do psicossoma da consciex durante a observação.

Neste mesmo exercício, outra aluna (Eliane) confirmou que havia sentido a presença extrafísica, no tempo aproximado e local descrito pelo observador, mas que não pode vê-la. Dois outros participantes perceberam uma consciência extrafísica no mesmo trajeto, mas através de percepção da movimentação das energias, ou seja, por observação indireta da dimensão extrafísica.

Há também a possibilidade de percepção da consciex em graus diferentes de opacidade e combinada com a percepção da dimensão energética.

Um bom exemplo desta situação é uma das cenas do filme "Contato"[3], em que a cientista Eleanor Arroway (Ellie) vivida pela atriz Judie Foster, encontra seu pai, em uma praia, de um planeta distante.

Ao início da percepção, Ellie via somente a energia movendo-se no ar. Em seguida, o movimento de energias foi tomando a forma de alguém caminhando, depois semitransparente, até que a imagem completa de seu pai se formou a poucos metros de distância. Ou seja, se o pai fosse uma consciex, poderíamos dizer que, ao início, a cientista teve uma percepção indireta da consciex, através das energias, e posteriormente uma percepção direta da consciex, na dimensão extrafísica, a imagem do psicossoma de seu pai.

Clarividência versus materialização

Vale notar que ver uma consciência extrafísica, através de clarividência, é diferente de ver a materialização do psicossoma de uma consciência extrafísica. No caso de materialização não há necessidade de clarividência pois a manifestação é de um tipo de energia tão denso (ectoplasma) que chega a tornar-se visível (refletir luz), portanto a materialização é vista através dos olhos físicos.

---

3 Dirigido por Robert Zemeckis, 1997, do romance homônimo do cientista norte-americano Carl Sagan – O filme conta a história de uma cientista do SETI e sua incessante busca por contato com alguma civilização extraterrestre. Eleanor Arroway (*Ellie*) é uma radioastrônoma que consegue, depois de muita dedicação pessoal e anos de luta, descobrir um sinal extraterrestre com instruções de construção de uma máquina que possibilitaria viagens intergaláticas.

Combinação clarividência – semimaterialização

Nem toda a percepção visual da dimensão extrafísica se classifica em materialização *ou* clarividência, pois existe a possibilidade de combinação dos dois fenômenos.

A facilitação da clarividência pode ocorrer através da semimaterialização, que se dá quando a consciência extrafísica "vai" em direção ao intrafísico, materializando-se parcialmente, através da densificação da energia no formato do seu psicossoma , enquanto o observador intrafísico "vai" em direção ao extrafísico, através da clarividência.

Este fenômeno de facilitação da clarividência através da semimaterialização, conhecido também por "*fifty-fifty*", pode ocorrer tanto em exercícios mais estruturados quanto espontaneamente, no dia a dia.

Clarividência Viajora

Clarividência viajora (CV) significa usar meios de visão *extrafísicos* para observar algo na dimensão *intrafísica* ocorrendo em um local distante, ou fora do alcance da visão física do experimentador.

A clarividência viajora parece funcionar a partir de uma espécie de estiramento do energossoma e/ou do psicossoma até o alvo, permitindo a captação de imagens remotas, como se o experimentador estivesse no local.

Alguns experimentadores conseguem descrever verbalmente ou desenhar as cenas vistas remotamente, *durante* o fenômeno, o que sugere que a CV não implica uma descoincidência total do psicossoma.

Como a CV possibilita a obtenção de informação sobre alvos inacessíveis fisicamente, vários projetos de pesquisa foram desenvolvidos nas décadas da guerra fria, com o fim de explorar essa forma de parapsiquismo para espionagem militar. Apesar da finalidade cosmoeticamente questionável, alguns desses experimentos acabaram desenvolvendo metodologias bastante formais e resultados consistentes.

Um exemplo recente desse tipo de pesquisa foi o projeto estadunidense STARGATE, que permaneceu secreto por vários anos, descrito por um dos participantes-pesquisadores, Joseph McMoneagle. Durante este projeto, vários experimentos apresentaram um alto nível de detalhamento das informações, obtidas através da clarividência viajora, sobre diferentes tipos de alvos pré-determinados [McMoneagle, 34; página 37].

A clarividência viajora pode também ser combinada com técnicas de leitura energética (psicometria) e técnicas de alvo mental para obter informações sobre pessoas ou lugares dos quais se desconhece a localização física.

Esse é um fenômeno que pode acontecer espontaneamente, em aulas práticas de desenvolvimento do parapsiquismo, como no curso "Campo Projetivo" [Trivellato e Alegretti 9] e em estudos de percepção visual remota, como no projeto de pesquisa *"Image Target Research Project - ITRP"* [Medeiros e Sousa, 6].

As observações remotas mais comuns dão ideias gerais da forma do objeto, associação de ideias e cores. Um exemplo do ITRP, que usava por alvo imagens selecionadas aleatoriamente, durante várias noites consecutivas, mostrando somente ideias gerais da imagem-alvo, foi apresentada pelo "Operador 6", um dos participantes:

Eu vi um quadrado preto!!
Foi uma olhada rápida,
um flash, imediatamente
antes de sair da cama para ir
para o trabalho.

Ainda que o alvo não tenha sido um quadrado preto, a forma geral da figura e a cor mais escura se aproximam da descrição apresentada pelo experimentador.

Vários destes experimentos indicam que a comprovação consistente das observações remotas exige um treinamento significativo por parte do experimentador.

Ainda que a exatidão não seja necessariamente consistente em experimentos de CV os resultados da percepção remota podem incluir desenhos e identificação de características tão específicas do alvo, que enfraquecem o argumento de que o acerto foi "fruto do acaso".

Um exemplo deste tipo de observação, também do ITRP, operador 23:

Eu vi uma estante com um urso de pelúcia. O urso não era exatamente marrom – era mais um amarelo escuro ou bege. O urso parecia meio triste, com a cabeça pendida para um lado e um laço à volta do pescoço. Parecia que havia outras coisas na estante, mas não pude ver mais detalhes.

Neste caso, o operador estava a mais de três mil quilômetros de distância do alvo e foi informado do endereço, das fotos do local-alvo e de que a imagem poderia ser qualquer uma, desde fotos com vários elementos até formas geométricas simples.

O computador-alvo escolhia aleatoriamente uma imagem entre 190, incluindo paisagens, objetos, formas geométricas, pessoas, animais. Neste contexto, detalhes como a posição da cabeça do urso, aumentam a relevância da percepção.

CAPÍTULO 5

Classificações e Exemplos

Sobre Classificações

Uma das maneiras utilizadas em ciência para entender melhor um dado objeto de estudo é a classificação do fenômeno em categorias.

Classificações podem ser feitas de várias maneiras. Carros podem ser classificados com base na função (esporte, *sedan,* utilitário), na cor (verde, vermelho, preto) e assim por diante.

O objetivo de apresentar diferentes classificações da clarividência é que o leitor esteja familiarizado com os vários modos de percepção possíveis e possa também, se for o caso, compreender experiências passadas.

Quanto mais detalhes do fenômeno sejam conhecidos, maior também a prevenção contra o "corte" súbito da experiência, gerado por uma reação à surpresa, que causa a reconexão ao corpo físico.

Se você está preparado e tem uma boa noção do que esperar e dos vários tipos de percepção possível, terá uma probabilidade maior de aproveitar o fenômeno, por estar mais tranquilo frente às percepções novas.

Saber de mais tipos de observações possíveis também motiva o experimentador a expandir as suas percepções. Por exemplo, se você ouve sobre certo tipo de aglomeração de energias que alguém visualizou, porém nunca percebeu, talvez veja isso pela primeira vez no próximo experimento. Outra possibilidade é que até tenha visto isso antes, mas lembre e reconheça o significado da percepção, ao ouvir detalhes sobre a mesma.

Quanto às Dimensões: Dimener, Extrafísica

Conforme apresentado no capítulo "Características da Clarividência", pode-se perceber imagens da dimensão energética ou da dimensão extrafísica através da clarividência.

A percepção visual da dimensão energética tipicamente envolve cores, névoas, brilhos, e a percepção direta da dimensão extrafísica tipicamente envolve consciexes.

Quanto à Localização das Imagens

Sobreposto à percepção física

Na maioria dos casos de clarividência local, o experimentador vê o extrafísico sobreposto ao que vê, através dos olhos físicos.

Segue o resumo do comentário de Nelson, após um exercício de clarividência facial:

> *Estava sentado e com os olhos abertos, observando o professor [sentado a mais ou menos dois metros de distância]. Apesar da iluminação reduzida, podia ver com clareza, os detalhes do rosto e soma do professor, os objetos ao seu redor, o quadro branco ao fundo e as figuras em molduras, à esquerda.*
>
> *À medida que relaxei, percebi que meu energossoma se soltou um pouco e comecei a ver uma espécie de disco ou um aglomerado de luz mais achatado, circular, de uns 20 centímetros de diâmetro, na parte superior, mais atrás da cabeça, mais ou menos na mesma posição de uma auréola.*
>
> *[...] o interessante é que via este disco de energia, brilhante, e ao mesmo tempo podia ver claramente o rosto do professor tal qual via no início do exercício.*

No relato acima, o experimentador via ao mesmo tempo a dimensão física e a energética: os detalhes do ambiente, rosto, quadro, na dimensão física, e parte do energossoma do professor, ou mais especificamente o coronochacra, na dimensão energética (dimener).

Figura 8: Percepção visual multidimensional combinada

A retrocognição é outro fenômeno que muitas vezes é percebido desta maneira, onde o experimentador vê o conteúdo da sua holomemória apresentar-se sobreposto ao cenário intrafísico sob observação no momento. A diferença básica é que as imagens da clarividência não vêm da memória e sim, da percepção direta de dimensões extrafísicas.

Tela à sua frente

Este tipo de percepção é muitas vezes chamado de "tela mental", porque a sensação é como se uma tela se abrisse ou aparecesse adiante do expectador e começasse a mostrar imagens de algo ocorrendo em outro lugar ou em outra dimensão.

Figura 9: Percepção ao modo de tela que se abre adiante

A observação de eventos, como se fossem projetados em uma tela, é relatada com certa frequência em experimentos de clarividência viajora.

Os fenômenos da precognição e da retrocognição podem se apresentar visualmente, em tela diante do experimentador; contudo, a diferença entre esses fenômenos e a clarividência está na fonte das imagens e no tempo (veja o capítulo "Clarividência e Outros Fenômenos" para mais detalhe).

Ver através de uma abertura

Jonathan, em uma das aulas da IAC, teve uma clarividência viajora espontânea, enquanto aplicava uma técnica projetiva. O objetivo da aula e da técnica era a experiência fora do corpo, mas o relato é interessante para ilustrar a visão através de uma abertura.

> *[...] recuperei a lucidez e percebi que estava tudo escuro à minha volta, só havia um ponto de luz à [minha] frente, que, pouco a pouco, foi aumentando, até que quando tinha mais ou menos dois palmos de diâmetro, podia ver do outro lado. Era como se uma parede preta e fina, mais ou menos da espessura de uma chapa de compensado estivesse à minha frente, com um furo redondo no meio... O furo continuou a aumentar até que ficou com um diâmetro assim [aproximadamente um metro].*
>
> *Durante todo o tempo, podia ver as bordas do furo pretas, e podia controlar a direção para onde olhava, de modo que o furo se movia na direção que queria. Não tinha o campo de visão totalmente aberto [...]. Estava vendo a cozinha da casa onde moro, e vi meu pai preparando uma "salsa" que normalmente faz para comermos com nachos. Estranhei um pouco porque meu pai normalmente não faz essas coisas no sábado, sempre deixa isso para o domingo. As imagens eram da cozinha, mas os ruídos que escutava eram daqui da sala mesmo. Escutei quando as pessoas falavam no estacionamento e um estalo da estante de livros... Demorou um pouco para que eu entendesse que os sons não eram da cozinha, mas agora repassando a experiência, fica claro que eram aqui da sala de aula...*

Jonathan pode comprovar a observação através da clarividência viajora, ao chegar em casa, pois confirmou que naquele dia, sábado, sem razão aparente para a exceção, seu pai resolveu fazer a tal *salsa*, durante o horário da técnica projetiva. Empolgado com a experiência confirmada, o aluno trouxe um pouco da *salsa* e *nachos*, na aula do dia seguinte, para oferecer aos demais alunos participantes. O lanche ficou conhecido por *nachos* projetivos...

Ver através de uma abertura é normalmente associado à clarividência viajora.

Um dos aspectos interessantes do relato é a percepção local de ruídos e vozes, através da audição física, ao mesmo tempo em que percebia os eventos em sua casa, a vários quilômetros de distância, através da clarividência viajora.

Este fato é o que traz evidência de que o fenômeno apresentado foi clarividência viajora. Se Jonathan estivesse fora do corpo, não teria escutado os ruídos do ambiente, onde seu corpo físico estava presente.

Dentro da cabeça, com os olhos abertos

Em resumo, nesta modalidade você vê através da clarividência algo localizado fora do seu campo de visão, por exemplo, atrás de você, mas, simultaneamente, continua vendo o ambiente físico à sua frente com os olhos abertos.

Esta modalidade é um pouco mais rara e exige a observação de detalhes da observação para capturá-la e separá-la de outras formas de percepção de imagem, como o estado hipnagógico e imagens que vêm da memória.

Em uma das vezes que tive esse tipo de percepção, estava participando de um curso da IAC chamado "Avançado 2", em que na parte da manhã se estabelece um campo de energia com o objetivo de "aproximar" a dimensão extrafísica da intrafísica.

Esse campo tem como epicentro um professor, com vários anos de experiência, que instala e mantém o tal campo. O "epicentro" é a "raiz" ou o ponto de conexão intrafísica do campo estabelecido.

Integrando a equipe de apoio daquele curso, minha tarefa era ajudar as pessoas que se aproximavam do epicentro para receber uma energização. Estava concentrado na tarefa, apesar de sentir várias sensações energéticas, como de costume durante o campo.

Uma das sensações bem claras que tive foi da presença de uma consciex a minha direita. Percebi que ela era parte da equipe extrafísica do curso e que estava dando algum tipo de suporte energético e também observando a movimentação intra e extrafísica dentro do campo.

Senti a presença da consciex, a mais ou menos meio metro do meu ombro direito, por aproximadamente quinze minutos, e mantive a concentração no trabalho. O epicentro estava a um metro a minha esquerda. Durante esses quinze minutos iniciais, não tive nenhuma percepção visual desta consciex, apesar de sentir sua presença próxima e bastante forte.

Em um dado momento, logo após virar a minha cabeça para a esquerda, percebi a imagem completa da consciex, "dentro" da minha cabeça. Neste momento eu não estava olhando na direção da consciex, pois ela estava fora do meu campo visual físico e foi como se tivesse um "olho extra", na têmpora direita, e visse a consciex através desse olho. A consciex percebeu que a tinha "visto", e nesse momento olhou em minha direção e sorriu, como que reconhecendo o contato "visual".

A clarividência veio de maneira espontânea e pude ver em detalhe a consciex observada: rosto, roupa, sapatos, tal como se estivesse vendo uma conscin. Era um senhor com aparência de uns 60 anos, muito bem vestido, com um terno marrom claro, ajustado com perfeição, como se fora feito sob medida.

Pude também captar através do acoplamento energético certas características de seu padrão de pensamentos e sentimentos (holopensene), um padrão sereno e forte energeticamente, com um certo bom humor e otimismo, dando a impressão de um bom resultado acumulado através de muita experiência em várias vidas.

Ao virar minha cabeça na direção onde estava a consciex, deixei de vê-la. Foi necessário cerca de quinze segundos para recobrar um pouco da visão extrafísica e ver o contorno de energia ao redor da mesma e também os aglomerados de pontos luminosos na região da cabeça. Mas, a esta altura, já não via a dimensão extrafísica diretamente.

Quanto ao Tempo: Sempre Simultâneo

A clarividência é percepção do presente, desta ou de outras dimensões. É importante estabelecer esta referência de tempo, para separar a clarividência de fenômenos como a retrocognição e a precognição, que funcionam de maneira bastante diferente.

Precognição significa receber informação sobre algo que vai acontecer (ou tem probabilidade de acontecer) no futuro. O mecanismo desse fenômeno envolve o mentalsoma e é uma espécie de conclusão sobre um conjunto grande de variáveis que se torna acessível ao experimentador.

Já a retrocognição implica em um acesso à memória extrafísica que temos (holomemória), ou seja, não é uma percepção em si, mas sim a recuperação de informações armazenadas.

Uma analogia que ilustra a diferença entre clarividência e retrocognição é comparar uma partida de tênis, ao vivo, com a gravação da mesma partida, em vídeo, vista no dia seguinte. Ver uma partida ao vivo é equivalente à clarividência, em termos de tempo, pois o que se vê, está acontecendo no momento da observação.

Quando vemos o vídeo da partida no dia seguinte, as imagens vêm da fita de vídeo, ou da memória da câmera que armazenou as imagens no dia anterior, o que seria equivalente a uma retrocognição.

A clarividência portanto é uma percepção direta e "ao vivo" de algo acontecendo em determinada dimensão.

Este é o tema em torno do qual talvez se encontre mais divergência e até confusão, em especial nas linhas mais místicas, que tendem a apresentar a clarividência quase como sinônimo de parapsiquismo, englobando vários fenômenos sob um mesmo termo.

Apresentaremos mais detalhes e contrastes entre precognição, retrocognição e clarividência, no capítulo "Clarividência e Outros Fenômenos".

Quanto ao Movimento: Estática ou Dinâmica

Tanto a clarividência local quanto a viajora podem apresentar imagens com movimento ou fotografias *estáticas* do ambiente observado.

Eventos de clarividência viajora em geral representam o movimento da cena intrafísica observada, tal qual recebêramos o sinal de vídeo proveniente de uma câmera que estivesse em local remoto.

A clarividência viajora pode também, ainda que com menos frequência, dar-se através de imagens estáticas, como se o experimentador visse um quadro que representasse a situação remota.

Na clarividência local, é típico que se perceba movimento ou ao menos algum tipo de vibração ou "vida" quando se observam as energias.

Em certos casos, a percepção de movimento pode ocorrer em sequência de imagens estáticas, algo típico na observação da região mais externa da aura.

Edward, um estudante de Miami, descreveu que enquanto observava a parte mais externa da aura ao redor do professor, a uns cinquenta centímetros, a partir da cabeça, percebeu que ela se movia bastante, era quase elusiva.

A percepção e a não percepção se alternavam em um período de um segundo. Edward via por um instante o contorno da aura do professor, e em seguida já não via nada extrafísico, e o ciclo se repetia. A sequência de várias "fotografias" do contorno da aura, com formatos variados indicava a movimentação constante desta camada mais externa e visível da psicosfera.

As percepções indiretas da dimensão extrafísica também apresentam movimento na maioria das observações. Durante uma sessão de laboratório da IAC, onde estava profundamente relaxado em uma poltrona confortável e com os olhos abertos, pude ver a movimentação de três consciências extrafísicas que estavam no ambiente:

> *Logo no início do exercício, podia ver claramente a dimensão energética, como se fosse uma espécie de névoa que começava a meio metro de distância e preenchia todo o ambiente. Após uma hora de técnica, percebi o contorno de três consciências extrafísicas à minha direita, próximas aos meus pés. Inicialmente, vi somente contornos em formato oval, sendo esse contorno marcado por uma linha brilhante e que deli-*

neava o campo energético daquelas consciências. Os contornos das duas consciexes, à esquerda, fundiam-se, talvez pela proximidade ou pelo acoplamento áurico entre elas.

Concentrei-me para tentar ver o rosto e mais detalhes daquelas consciências, até que comecei a ver pontos luminosos aglomerados, na região superior da meia-oval, que delineava a parte de cima do psicossoma. Sabia que esta percepção indicava a posição da cabeça de uma consciência extrafísica.

Busquei também estar mais conectado energeticamente a elas para facilitar a clarividência, o que me fez perceber um padrão de energias tranquilo, porém determinado, um misto de concentração e serenidade, difícil de descrever.

Estava reclinado na cadeira e percebi quando uma das consciexes começou a se mover, tal qual deslizasse, contornando a poltrona e parando perto de minha cabeça, onde senti claramente sua presença energética. Em seguida, senti a ativação do meu coronochacra, como se um anel quente fosse colocado no topo de minha cabeça.

As outras duas presenças também se moveram até a posição alinhada a uns trinta centímetros para fora dos pés direito e esquerdo respectivamente. Neste ponto pude ver mais detalhes da consciex que estava à minha direita, como se a superfície de seu psicossoma fosse semitransparente, o que me permitiu identificar o rosto feminino, cabelos lisos, mais ou menos à altura dos ombros. As três consciências começaram a exteriorizar energias até que entrei em estado vibracional [...]

Além das observações do extrafísico em movimento, esse relato mostra como a clarividência permite uma participação maior, mais direta e próxima dos eventos extrafísicos. A sensação de presença, percepção do padrão de energias, ativação de chacras e estado vibracional já seriam experiências interessantes isoladamente. A clarividência permitiu colocar todas essas sensações em contexto através da percepção visual das ocorrências extrafísicas.

Quanto à Duração: Longa, Curta, *Flash*

A duração da clarividência pode variar muito. Há relatos de pessoas que experimentaram a clarividência por dias seguidos. Outras a experimentaram com um *flash* ou uma fração de segundo.

Isabelle, uma aluna de Lisboa, relata que via o energossoma e a aura das pessoas por várias horas nos dias em que fazia natação, antes de ir ao trabalho, devido à maior condição de relaxamento físico e desbloqueio do energossoma.

Em técnicas de mais longa duração, por exemplo a da imobilidade física vígil [Vieira, 11, p. 122] de três horas, é comum que a clarividência comece em questão de minutos e só termine ao final, proporcionando várias horas de percepções visuais extrafísicas, que podem incluir a visão das próprias energias, das energias do ambiente, da movimentação de consciências extrafísicas, contorno de consciexes no local, entre outras.

Nos exercícios mais curtos, a clarividência tem a duração de minutos normalmente, dependendo da velocidade e controle do relaxamento do experimentador. Em geral, os exercícios de vinte e cinco minutos são estruturados com dez minutos de relaxamento e trabalho de bioenergias, seguidos por quinze minutos de técnica de clarividência. O resultado típico é um período de ao menos cinco minutos de visão extrafísica mais clara.

CAPÍTULO 6

Fatores Otimizadores da Clarividência

Há uma série de fatores importantes a serem observados durante a aplicação das técnicas de clarividência. Naturalmente, nem todos os fatores são importantes para todas as pessoas e para todos os níveis de desenvolvimento da clarividência. Certos detalhes podem promover um grande avanço em uma condição específica para uma pessoa específica e para outra, serem totalmente irrelevantes.

Por exemplo: Judith relatou, em um *workshop*, que em condições de estresse muito alto, no trabalho, podia ver as auras dos colegas com mais intensidade do que quando estava relaxada, algo que é exatamente o oposto do que ocorre com a maioria. A regra geral é: quanto mais estresse negativo, menos clarividência.

Claro que condições ótimas ajudam, porém há tantos relatos de clarividência em condições onde se pensaria impossível a produção do fenômeno que fica difícil dizer que o fator "A" ou "B" é condição absolutamente necessária para a visão extrafísica.

Por outro lado, a importância de estudar fatores que facilitem a clarividência é criar condições otimizadas, em especial no início, até que se chegue ao ponto onde se aprende a operar o "interruptor" da clarividência. Depois deste ponto, podemos treinar e aprender em condições menos otimizadas.

Outro aspecto a considerar é que, para algumas pessoas, as experiências de clarividência podem ficar limitadas a um repertório conhecido e repetitivo durante vários meses. Para sair de situações como essas vale a pena repassar os conceitos desta seção e ver em que variável se pode trabalhar visando superar a condição de estancamento.

Relaxamento Lúcido

A habilidade de relaxar, neste contexto, tem dois componentes principais: o relaxamento físico e o "relaxamento" mental.

Relaxamento físico

O relaxamento físico está relacionado principalmente ao relaxamento muscular, o que facilita a expansão do energossoma e permite maior mobilidade e descoincidência do psicossoma. Os músculos do ombro, da face, da região lombar e, às vezes, dos braços podem estar mais tensos sem que se perceba, o que pode manter o experimentador "mais intrafísico" e conectado às percepções do soma. A tensão muscular pode estar associada ao estresse e ansiedade, e pode-se estar mais ou menos lúcidos para tal fato.

O relaxamento do soma normalmente causa uma redução suave do ritmo dos batimentos cardíacos, do ritmo da respiração e, em certos casos, uma pequena redução da pressão sanguínea e da temperatura corporal.

Ainda que o relaxamento físico não seja estritamente necessário para a clarividência, esse é um dos fatores que mais conduz às parapercepções em geral, em especial para aqueles que estão começando.

E quanto de relaxamento ajudaria? O nível ideal de relaxamento físico para clarividência é aquele no qual o experimentador quase não sente mais o corpo físico ou no ponto onde começa a ter a sensação de estar quase flutuando.

Para atingir tal relaxamento, é necessário estar em uma posição confortável, de maneira que, após três minutos na tal posição, não se percebam áreas de desconforto físico, como por exemplo, um cinto apertado, pressão nos braços por tê-los apoiados de certa maneira, ou uma dobra da roupa que se torna perceptível por estar restringindo o fluxo sanguíneo ou pressionando a pele em uma região qualquer.

O ideal, se o experimentador está sentado, é que tenha a coluna ereta e a cabeça bem posicionada para minimizar o esforço de mantê-la alinhada com o resto do corpo. Algumas pessoas preferem ter a cabeça apoiada, mas isso não é necessário.

Uma das indicações de que a pessoa está mais profundamente relaxada é a ausência de movimentos do corpo físico. É natural que, em um exercício de clarividência, o experimentador ajuste a sua posição (dos pés, mãos, cabeça, por exemplo) nos primeiros minutos. Contudo, se esses ajustes persistem na medida em que o exercício avança, essa movimentação do soma tende a desacelerar a soltura do energossoma, criando uma condição menos favorável para a clarividência.

A habilidade de relaxar com lucidez pode ser aprendida e controlada através da vontade. Com o tempo e a prática, relaxar torna-se uma segunda natureza, como respirar ou mover a cabeça.

Lembro de uma vez em que um médico estava medindo minha pressão sanguínea em um exame de rotina e disse "relaxe", antes de fazer a medida. Distraído, obedeci ao pedido ao "pé da letra" e sem perceber que, através do comando mental, relaxei tanto que a leitura da pressão mostrou um número anormalmente baixo. O médico, surpreso, informou-me da leitura. Ao dar-me conta de que havia relaxado demais pedi uma nova medição. Desta vez, tive o cuidado de manter o relaxamento em nível "normal", de maneira que a segunda leitura da pressão foi "normal".

A velocidade do relaxamento é algo que também devemos ter em conta. O ideal é aprender a relaxar de maneira controlada e progressiva para manter a lucidez.

Para uma pessoa que dormiu pouco durante vários dias, o relaxamento ocorre muito rapidamente, mas com perda de lucidez. Se o indivíduo está com sono, é muito provável que feche os olhos e durma, vendo assim somente imagens do estado hipnagógico ou dos sonhos durante o exercício. Desta maneira, o ideal é ter o sono "em dia" quando estiver aplicando as técnicas.

Outra recomendação relacionada ao sono é treinar o relaxamento em uma cadeira, e não deitado ou reclinado em uma poltrona muito confortável. Se você está sentado em uma cadeira e o relaxamento sai do controle ou toma um ritmo muito acelerado causando a diminuição da lucidez, a "pescada" (pequeno choque de reação à sonolência, recuperando a posição ereta do pescoço) dá a oportunidade de retomar as rédeas do processo.

Cafeína

Por ser um estimulante psicoativo, a cafeína pode dificultar o relaxamento para alguns. Esta influência varia de pessoa para pessoa. Se por um lado a cafeína não faz diferença para alguns, por outro, há casos onde o experimentador não se dá conta dessa influência, ou de quanto ela está dificultando a visão extrafísica. Por isso, vale a pena eliminar a cafeína, por duas semanas, por exemplo, e observar se isso facilita o relaxamento durante as sessões de clarividência.

É importante lembrar que a cafeína é adicionada a vários refrigerantes, chás e até mesmo certos doces e chocolates, de modo que se não prestamos atenção, podemos estar ingerindo a mesma quantidade de cafeína contida em dois ou três expressos, em um período de poucas horas, dependendo da combinação de alimentos e bebidas escolhida.

A mesma lógica se aplica a outros estimulantes, quando concentrados. O guaraná e a taurina são exemplos: vale observar se esses não afetam a qualidade e profundidade do relaxamento.

Exercício físico

Sabemos que o exercício moderado, como por exemplo, caminhar em um ritmo mais rápido por trinta minutos, três vezes por semana, é algo que melhora a saúde física e energética e traz vários benefícios.

No caso do desenvolvimento do parapsiquismo e em particular da clarividência, a contribuição do exercício físico moderado pode ser substanciosa. Primeiro, porque devido à endorfina produzida naturalmente, alcançaremos um estado de relaxamento muscular maior, com mais facilidade.

Segundo, porque o exercício ajuda a naturalmente dissolver tensões acumuladas no dia a dia e, como consequência, o relaxamento mental será também melhorado.

Além disso, muitas pessoas se enganam na medição do seu próprio nível de relaxamento. Pensa estar bem relaxado, porém não está. Acha que o relaxamento que atingiu é suficiente, mas não é. Em casos assim, a prática frequente do exercício físico deve trazer uma terceira contribuição: proporcionar experiências de relaxamento mais profundas, trazendo novas referências para comparação e mostrando ao experimentador o que é possível em termos de relaxamento.

O tipo, a intensidade e a duração do exercício também são relevantes para atingir os objetivos de relaxamento delineados. A prática de exercícios mais intensos como a corrida ou a musculação podem trazer vários benefícios para o soma, mas há de se avaliar se a intensidade não é tanta que provoque uma "intrafisicalização" maior da consciência. Exercícios muito intensos podem gerar adrenalina ou acelerar demasiadamente o metabolismo, que por sua vez poderiam ter um efeito reverso com relação ao tipo de relaxamento desejado.

Fernando, um aluno que conheci nos cursos da IAC, viu isso com clareza em uma série de quatro fins de semana, em que aplicava técnicas de desenvolvimento do parapsiquismo. Estava indo bem e progredindo nas percepções extrafísicas até que, no quarto fim de semana, resolveu dar uma corrida de uma hora, a ritmo forte, no sol de 40 graus e umidade a 90%, típicos do verão de Miami. Após a ducha, foi para a aula de técnica projetiva. O resultado foi praticamente nulo: não conseguia relaxar adequadamente na primeira metade da aula, e na outra metade "apagou", sem lucidez.

O resultado de Fernando é típico para exercícios que exigem mais do soma, como neste caso, a corrida: a intrafisicalização que dificulta a percepção do extrafísico seguida por um relaxamento muito rápido combinado com a perda de lucidez. Por isso a orientação de uma caminhada de trinta minutos, em uma esteira, ou em um circuito mais plano, é suficiente para facilitar o relaxamento. Não deve ser intensa a ponto de ativar demasiadamente o funcionamento do soma.

A importância do relaxamento físico é fazer com que, voltando à analogia de percepção em telas sobrepostas, a tela física se torne menos brilhante. À medida que relaxamos a percepção física torna-se menos intensa, o que por sua vez diminui o efeito de ofuscamento da tela extrafísica vista a sua frente.

Ou seja, quando relaxamos, a intensidade da imagem que vem da tela extrafísica se torna mais próxima da intensidade da imagem que vem da tela física, de maneira que equalizamos a intensidade da visão dos olhos com a dos paraolhos.

Relaxamento mental

Um dos principais inibidores da clarividência é a ansiedade. A maioria das pessoas está exposta a uma cultura imediatista, hiperativa, hipercafeinada e multitarefada, onde tudo tem de ser agora, rápido, instantâneo e às vezes fica difícil de entender e avaliar o quanto dessa cultura foi absorvida por nós e o quanto disso consideramos "normal".

A clarividência exige várias características opostas a essa cultura, que incluem um estado de relaxamento alerta e de abertismo lúcido. Costumo brincar nas aulas que clarividência rima com paciência.

A ansiedade pode tomar várias formas e ter várias origens, sendo talvez a mais comum nestas circunstâncias o medo de consciências extrafísicas. Há casos similares ao da Luisa, que dizia que queria muito desenvolver a clarividência, mas ao mesmo tempo tinha medo de espíritos (consciências extrafísicas, consciexes). Luisa inconscientemente sabotava o próprio progresso nos exercícios de clarividência.

Por isso, foram necessárias dezenas de exercícios de bioenergia para que se acostumasse com as percepções de seu próprio energossoma, para que, em seguida, identificasse a presença das energias de uma consciência extrafísica, até que, ao final, já podia ver o rosto de consciexes através da clarividência facial e sem maiores estresses.

Neste exemplo, a clarividência se mostrou uma excelente ferramenta para superar o medo de outras dimensões e outras formas de parapsiquismo. Ao acumular experiência com a dimensão energética, através da clarividência, Luisa pôde reduzir pouco a pouco o medo que tinha, inicialmente, de experiências fora do corpo. À medida que colecionava interações extrafísicas que ocorriam sob seu controle, a confiança em suas próprias habilidades parapsíquicas foi aumentada, possibilitando a utilização natural dessas habilidades no seu dia a dia.

A ansiedade também pode ser menos manifesta ou evidente, como no caso do experimentador que permanece tranquilo durante o exercício até o ponto onde começa a ver coisas novas (ou claramente diferentes) e imediatamente interrompe a experiência, em sobressalto. Ou seja, o medo do novo provoca a reação de frear a experiência.

A meta é substituir o medo por um estado de tranquilidade e desassombro, de maneira que as percepções sejam bem recebidas, numa postura de curiosidade saudável. Isso se faz passo a passo, levando o trabalho básico de bioenergias em paralelo aos experimentos de clarividência.

Autobloqueios

Dentro do assunto de limitar a própria percepção, um fator um pouco mais complexo é o "corte" da visão extrafísica que tem origem na dúvida com relação ao fenômeno, normalmente representado por uma postura excessivamente crítica *durante* o experimento.

Para esses casos, a sugestão é sempre deixar a análise crítica e interpretações para depois do experimento e até mesmo do período puramente descritivo das anotações.

É comum a tentativa de querer confirmar de algum modo o que se vê *durante* a experiência, algo que muitas vezes acaba interrompendo o processo. Por exemplo, quando o experimentador começa a ver a psicosfera da pessoa observada, ele aperta os olhos para conferir "se está vendo mesmo". Ao apertar os olhos, a paracabeça do psicossoma se reconecta e, naturalmente, a clarividência termina.

A postura ideal é simplesmente fazer anotações mentais, tal qual jornalista isento descrevendo suas próprias parapercepções, deixando a experiência "fluir", buscando verificar até onde se leva a visão extrafísica, relaxando ainda mais e mantendo a serenidade. Após o término do experimento, anota-se tudo em detalhes e procede-se à análise crítica.

Em oportunidades futuras, você poderia, então, reiniciar o ciclo com um novo experimento, com o qual buscaria responder às perguntas que levantou no período de análise das anotações.

Figura 10: Ciclo de aprendizagem parapsíquica

O autobloqueio da clarividência pode ser ainda mais sutil e complexo, relacionado às consequências da confirmação da objetividade das dimensões extrafísicas.

Por exemplo, se vemos com clareza a dimensão extrafísica e consciências extrafísicas repetidas vezes, é inevitável pensar em vida após a morte. Ainda que a maioria das pessoas *acreditem* em vida após a morte, de maneira religiosa ou não, são relativamente poucas as que têm experiência direta junto a consciências que já morreram. Sabemos que a confirmação, através da experiência pessoal, da continuidade da existência além desta vida física, pode trazer vários questionamentos profundos, e possivelmente uma crise de crescimento quando seriam questionados prioridades, valores, decisões, enfim, o que estamos fazendo nesta vida. Às vezes, o mais difícil não é saber o que temos de fazer, mas saber o que deveríamos parar de fazer.

Ainda que esses questionamentos e possíveis reperspectivações sejam inerentemente positivos, isso constitui, na prática, uma ameaça à zona de conforto para a maioria das pessoas. Deste modo, a clarividência pode estar inconscientemente associada a um "evento ameaçador do *status quo*". Por isso, em alguns casos, o experimentador acredita que realmente *quer* ver, declara que está preparado e não tem medo, mostra esforço, mas inconscientemente mantém-se bloqueado, pois sente-se melhor quando a clarividência não funciona ou permanece em um nível básico, de maneira que pode ser facilmente descartada, como ilusão de ótica ou algo do gênero. Assim, quanto menos clarividência, menos necessidade de sair da zona de conforto.

Movimentação da cabeça

Já estabelecemos que o melhor é realmente não mover o corpo físico para facilitar o relaxamento e a descoincidência dos veículos de manifestação.

Evitar a movimentação da cabeça é em geral o que mais ajuda na expansão da energia nesta área e a consequente descoincidência da paracabeça, o que, por sua vez, ajuda na clarividência.

Ou seja, um pequeno ajuste da posição da perna não seria problema, mas um pequeno ajuste, de meio centímetro, que cause a movimentação da cabeça, pode ser suficiente para recoincidir e diminuir a clarividência.

Movimentação dos olhos

Em certos casos, o experimentador não move nem o soma nem a cabeça, mas movimenta os olhos. Isso pode acontecer de maneira consciente, se olhamos deliberadamente para algo mais à direita do que estávamos observando, por exemplo, ou inconscientemente, com movimentos rápidos e laterais que fazemos com os olhos, que ajudam a derivar o senso de profundidade e perspectiva do que observamos.

A parte consciente é fácil de resolver: basta olhar para um ponto imóvel durante a tentativa de clarividência e manter o olhar fixo naquele ponto.

Já os movimentos laterais espontâneos exigem um pouco mais de observação e treinamento. O movimento lateral espontâneo é mais facilmente detectado se observamos os olhos de outra pessoa que, por sua vez, está olhando para um corredor, onde vê um objeto ou esquina da parede próxima e outro objeto/esquina longe, ao mesmo tempo.

Numa situação assim, os olhos se movem periodicamente, fornecendo imagens com posicionamento ligeiramente diferente e criando o senso de profundidade do corredor.

Outra maneira de detectar esse movimento lateral é observando a figura a seguir [Kitaoka, 30], que utiliza uma propriedade dos olhos/cérebro de maneira a dar a impressão de movimento no papel quando os olhos se movimentam.

Figura 11: Imagen para treinar o olhar fixo

Se você teve a ilusão de que os círculos giram no papel, que têm correlação com o movimento dos olhos, basta aprender a "freiar" a ilusão para aprender a olhar sem mexer os olhos.

Se você fixar a visão em um ponto específico da figura, como um dos pontos ao centro de um dos círculos, relaxar e mantiver o olhar diretamente neste ponto, saberá que seus olhos não estão se movendo, quando a ilusão de movimento circular não acontecer.

O motivo para não mover os olhos é que esses movimentos iniciam um "reprocessamento" do estímulo visual pelo cérebro, tornando a tela da visão física mais evidente (ver p. 48), o que por sua vez ofusca a tela extrafísica onde se veria a clarividência. Por isso, se aprendemos a não mover os olhos físicos, fica mais fácil perceber o estímulo mais sutil da clarividência.

O piscar de olhos, que mantém a superfície dos olhos naturalmente lubrificada, também dispara esse reprocessamento da visão física, por isso, se conseguimos também gerenciar esse movimento das pálpebras, criaremos condições mais favoráveis.

Giuseppe relata que, durante o exercício de clarividência, sempre que piscava, a sua percepção extrafísica diminuía:

> *... depois de uns três minutos no exercício, comecei a ver o contorno [do energossoma] ao redor de você. Esse contorno nunca desaparecia, e pouco a pouco, identifiquei a concentração de energia na região do coronochacra e o contorno da sua aura de mais ou menos uns cinquenta centímetros... O problema é que quando piscava os olhos, a parte do coronochacra e da aura desapareciam, era como se desse alguns passos para trás... Depois de algum tempo sem piscar, voltava a ver [através da clarividência] os dois...*

Uma pergunta frequente é: "devo então, não piscar os olhos?" A resposta é não, porque os olhos ressecariam muito – a ponto do desconforto causar a reconexão. As técnicas preferidas para contornar o problema de piscar os olhos variam de pessoa para pessoa.

Alguns preferem não piscar por períodos mais prolongados do que o normal e quando piscam os olhos, fazem de maneira muito suave, movendo o mínimo de músculos na região ou quase exclusivamente as pálpebras. O contraexemplo é o caso de algumas pessoas que movem até as bochechas ao piscar, sem se dar conta, o que prejudicava o rendimento, durante a técnica. Por isso vale a pena observar-se no espelho, enquanto pisca suavemente, para avaliar o quanto de movimento e esforço você aplica no processo.

Outra maneira de minimizar o efeito do piscar dos olhos é mantê-los parcialmente fechados, mas sem que obstruam a visão. Isso também deve ser feito com o mínimo de esforço muscular. Na verdade, quando se relaxa bem, a posição natural das pálpebras já é naturalmente mais para baixo.

Com as pálpebras parcialmente fechadas, diminui-se a área de exposição dos olhos, reduzindo assim o ressecamento e a necessidade de atuação das mesmas.

Há de se observar, pelo mesmo motivo, que o ar condicionado retira umidade do ar e acelera o ressecamento. Os ventiladores e correntes de ar constantes também podem atrapalhar neste sentido, pois também causariam um ressecamento mais rápido dos olhos.

Algumas pessoas preferem estabelecer um ritmo, como piscar os olhos a cada cinco segundos, mais ou menos, procurando assim ter uma interferência constante que pode ser mais facilmente esquecida. Esta técnica é análoga ao que se faz com a respiração, em certas técnicas de relaxamento: busca-se uma constância monótona até que a respiração se torne automática e interfira menos.

Outra medida que se pode tomar é reduzir a velocidade de movimento das pálpebras, de modo que o tempo total, ao piscar, entre o fechar completo dos olhos e o abrir, fique em torno de quatro vezes mais lento que o normal.

O problema principal relacionado ao movimento das pálpebras é para iniciar a clarividência. Quando a clarividência se fixa, piscar não interfere e pode até servir como forma de verificação se for feita suavemente. Isso pode parecer contraditório com a diretriz "ao piscar, a clarividência vai embora", mas a questão é em que tempo e com que intensidade você pisca.

Para que se tenha um parâmetro: se após cinco segundos (tempo) vendo algo que se parece com a descrição de aura, você quer verificar se esta percepção é extrafísica ou não, você pode piscar suavemente (intensidade) e se apesar disso você continua vendo a aura, isso reforça a hipótese de que a percepção é extrafísica.

Se, neste mesmo contexto, o piscar for muito forte, a clarividência se vai, não porque a percepção era física, mas porque a intensidade do movimento causou uma reconexão com o soma e realmente interrompeu a visão extrafísica.

Recomendo ao leitor tentar algumas destas técnicas repetidas vezes para encontrar a que funciona melhor.

Iluminação

Outra maneira de reduzir a intensidade do estímulo físico visual é reduzindo a iluminação do ambiente, uma recomendação básica durante a aplicação de técnicas de clarividência.

A iluminação reduzida pode contribuir bastante no início do treinamento e quando o objetivo é perceber as áreas mais sutis da aura ou a observação direta da dimensão extrafísica.

Sempre que possível, buscar a iluminação indireta, ou seja, que a luz chegue à pessoa observada após uma reflexão na parede ou no teto e não diretamente. Como regra geral, a iluminação deveria estar atrás do observador, mas em uma posição onde o observado não pode ver a fonte de luz, como é o caso da figura abaixo.

Figura 12: Iluminação indireta

Uma das condições que normalmente atrapalham a clarividência é quando há luz natural atrás do observado. Por exemplo, uma janela atrás da pessoa observada pode dificultar a percepção da dimener, em especial das energias extrafísicas.

A luz difusa também ajuda, pois evita sombras muito marcadas. Normalmente a iluminação indireta já ajuda bastante. O problema com sombras muito marcadas é que o contraste forte pode se tornar um estímulo físico ou referência física muito forte, de maneira a interferir com a percepção extrafísica mais sutil.

Naturalmente, as questões de iluminação são otimizações que ajudam principalmente no início, porém não devemos nos prender muito à questão, já que a clarividência é também possível sob a luz direta e intensa do sol.

Visão Física

A clarividência é independente da visão física, entretanto a maioria dos exercícios propostos na seção de técnicas são realizados com os olhos abertos.

Apesar da aparente incoerência, são três os motivos para utilizar a visão física *em conjunto* com a clarividência. O primeiro é que, com os olhos abertos, temos uma referência objetiva do que estamos vendo e à medida que desenvolvemos a clarividência, fica mais fácil diferenciar o que é visão extrafísica do que é visão física.

Segundo, temos um condicionamento, em geral parte do nosso paradigma pessoal, de que se fechamos os olhos paramos de ver. Isso é um condicionamento de várias décadas e várias vidas, derivado da bioquímica do próprio soma: precisamos que a luz chegue à nossa retina para poder ver.

Assim, ainda que seja possível a visão através da clarividência com os olhos fechados, o experimentador neste caso tem de superar o obstáculo de seu condicionamento, de modo a poder, na prática, perceber imagens externas ignorando a sugestão do condicionamento biológico.

A terceira razão talvez seja a mais pragmática no contexto do desenvolvimento do parapsiquismo e tem relação com a separação mais clara de fenômenos. É indiscutivelmente mais fácil eliminar imagens do estado hipnagógico, se os olhos estão abertos, por exemplo. Seria bastante difícil que uma pessoa adulta em condições normais conseguisse entrar no estado hipnagógico dessa maneira. Por outro lado, muitas pessoas perceberiam imagens oníricas do estado hipnagógico, ao menos parcialmente após dez minutos de relaxamento com os olhos fechados.

Assim, se a tentativa de clarividência fosse feita com os olhos fechados, seria necessário mais experiência, vocabulário e acuidade autoperceptiva para separar o que foi derivado do estado hipnagógico do que foi realmente clarividência. Com os olhos abertos, toda a complexidade em questão fica eliminada.

O estado hipnagógico em si pode conduzir o experimentador a vários estados alterados e fenômenos, incluindo a clarividência. A abordagem apresentada aqui não pretende eliminar esse estado, mas sim colocá-lo de lado temporariamente quando o objetivo é identificar a clarividência de maneira mais isolada e independente de outros tipos de percepção visual.

Claro que ter os olhos abertos também dificulta certos aspectos, conforme apresentamos nos tópicos sobre a movimentação da cabeça e piscar de olhos, mas esses detalhes podem ser contornados rapidamente através de procedimentos simples e bem definidos.

Achar o Interruptor

Na verdade, se me perguntarem o que faço exatamente para iniciar a clarividência, a resposta é: "não sei, é um comando da vontade. Sei de procedimentos e técnicas que ajudaram a encontrar e operar este interruptor imaginário que 'liga' a clarividência. Hoje já não necessito das técnicas e procedimentos. Na maioria dos casos, o que faço é 'querer' ver".

De maneira análoga, seria difícil explicar o movimento dos meus dedos para digitar um texto sem mostrar os movimentos e o teclado. Não sei o nome dos músculos e articulações envolvidas para mexer os dedos e apertar as teclas na sequência correta para produzir o texto. Mas sei digitar.

Como o "querer" ou "usar o comando da vontade" são coisas abstratas e não é muito prático explicar o abstrato, a proposta é utilizar técnicas simples para provocar experiências básicas de clarividência e, a partir daí, aprender como "ligar" e "desligar" o interruptor da visão extrafísica através da vontade. Em seguida, pode-se aprender progressivamente a controlar outras *nuances* do fenômeno, como por exemplo, que dimensão sintonizar, através da autoexperimentação e acúmulo de experiências.

Isso explica em parte por que, apesar de a clarividência não depender da visão física, muitas das técnicas envolvem direta ou indiretamente os olhos ou características da percepção visual física. Apesar de parecer paradoxal trabalhar com a visão física para chegar à clarividência, a prática demonstra que esse é um bom caminho para encontrar o "interruptor" que habilita a visão de outras dimensões através da vontade. Assim, trabalhamos com algo que sabemos operar, os olhos, para chegar em algo que estamos querendo desenvolver: a clarividência.

Oscilação Longitudinal Voluntária de Energias (OLVE) e Estado Vibracional (EV)

A técnica da Oscilação Longitudinal Voluntária de Energias (OLVE) consiste em mover as energias do energossoma da cabeça aos pés, subindo e baixando as energias por dentro do próprio energossoma em movimento cíclico, através da vontade, para ativar e desbloquear o corpo energético.

De maneira simplificada, um dos objetivos dessa técnica é desbloquear e ativar os chacras de seu sistema energético. Além disso, ao aumentar a velocidade da mobilização das energias, você poderá também chegar ao estado vibracional (EV), a condição de vibração completa do corpo energético, que indica o estado de equilíbrio e homeostase.

O estado vibracional (EV) é o estado ideal para os exercícios de clarividência, pois indica uma condição de desbloqueio e ativação energética, o que contribui para o parapsiquismo em geral e, portanto, para as percepções visuais extrafísicas.

Ainda que não se chegue ao estado vibracional através da técnica da OLVE, o exercício serve como um excelente "aquecimento" para qualquer técnica de clarividência, pois contribui para um maior desbloqueio e ativação de seu sistema energético, além de proporcionar oportunidades de identificação de sensações de energia e auxiliar no relaxamento inicial.

Um resumo dos passos da técnica consiste no seguinte:

1. Acumule energias na região da cabeça.

2. Mova essa energia acumulada lentamente, por dentro do seu corpo, em direção aos pés. Seu objetivo é fazer a energia passar por todas as partes do energossoma e por todas as células do corpo físico.

3. Quando chegar com as energias aos pés, mova este acúmulo de energias na direção contrária, para a cabeça, estabelecendo um movimento contínuo.

4. Prossiga com a mobilização da cabeça para os pés e dos pés para a cabeça. Procure perceber se há regiões onde percebe menos essa energia ou regiões onde a energia se desvia ou dispersa. Estas sensações podem significar bloqueios. Se identificar áreas bloqueadas, procure focalizar sua atenção nelas, até que se ativem e a energia possa fluir sem impedimentos.

5. Quando a energia estiver fluindo por igual e sem bloqueios em todas as partes do energossoma, comece a acelerar esta mobilização de energias, aumentando o ritmo até chegar ao ponto onde o movimento de energias provoque a vibração completa do corpo energético, interna e externa, alcançando o estado vibracional, uma sensação agradável que indica a homeostase energética.

O estado vibracional é um estado bioenergético que ajuda a interromper o acoplamento energético entre o experimentador e demais consciências intrafísicas e extrafísicas. Esse é um dos fatores que torna o EV tão importante no controle do parapsiquismo e na promoção de experiências saudáveis.

Além disso, o EV traz uma série de benefícios adicionais em termos de desenvolvimento consciencial [Vieira, 12, 348-355]. Por essa razão praticamente todos os cursos e publicações em Conscienciologia incluem referências ao EV e recomendo a leitura das referências bibliográficas desta seção.

Em pesquisas preliminares, o estado vibracional também demonstrou efeitos no corpo físico, mais especicamente no sistema nervoso central, passível de detecção através de alterações nas ondas cerebrais [Alegretti, 2].

O domínio completo da OLVE e do EV normalmente exigem certa persistência e tempo. A atenção aos vários atributos pode ajudar nesse processo [Trivellato, 10].

A OLVE também é conhecida como Circulação Fechada de Energias [Vieira, 15, p. 587] e Mobilização Fechada de Energias, contudo utilizarei a sigla OLVE daqui para adiante.

Chacras e clarividência

A OLVE promove o desbloqueio dos chacras e tende a expandir um pouco as energias. Esse exercício pode funcionar como uma preparação ou aquecimento às técnicas de clarividência.

Ainda que o chacra mais diretamente relacionado à clarividência seja o frontochacra, ter os demais chacras desbloqueados facilita muito o desenvolvimento da clarividência.

Por exemplo, observei vários casos de participantes dos *workshops* com o frontochacra bem ativo, muitas vezes devido à atividade intelectual frequente, mas com o cardiochacra muito bloqueado e a resultante era uma facilidade *menor* do que a média para a clarividência, menor inclusive quando comparado a outra pessoa com esses dois chacras "neutros", ou seja, nem muito ativos, nem bloqueados.

A conclusão é que, como regra geral para a clarividência, é inteligente buscar primeiro uma condição onde *todos* os chacras estejam mais ou menos desbloqueados. A partir desse patamar onde se consegue manter a condição de desbloqueio na maior parte do tempo, o trabalho específico de ativação do frontochacra apresenta mais resultados.

Figura 13: Frontochacra

Exteriorização das Energias

Outro exercício básico que podemos fazer com o energossoma é a exteriorização das energias. Esta manobra consiste em doar suas próprias energias para o ambiente ao seu redor, expandindo o seu campo energético e densificando o campo de energias do ambiente.

A exteriorização pode ajudar em pelo menos dois aspectos: ativação de chacra específico e densificação do campo de energias.

Se você concentra a exteriorização de energias por um chacra em particular e mantém um fluxo ou pulsos energéticos por alguns minutos, esse chacra tende a ativar-se. Uma das técnicas de preparação proposta mais adiante neste livro consiste justamente na ativação do frontochacra através da exteriorização.

A exteriorização pode também promover o desbloqueio de um chacra específico. Sabemos que o desbloqueio mais geral dos chacras do energossoma é algo que favorece a clarividência e que a técnica da OLVE pode ajudar na detecção e desbloqueio de nosso sistema energético. A exteriorização de energias também pode ter o mesmo efeito desbloqueador, quando concentrada através do ponto onde se identificou o bloqueio energético.

O segundo aspecto em que a exteriorização pode ajudar na clarividência é na densificação das energias do ambiente, na medida em que energias mais densas são mais facilmente perceptíveis, através da visão extrafísica. Por essa razão muitos exercícios incluem a exteriorização de energias nos passos iniciais.

Além das técnicas básicas apresentadas, há uma enorme variedade de exercícios de bioenergia que se pode realizar com propósitos específicos, mas fora do escopo deste livro. A mobilização fechada e a exteriorização estão mais diretamente relacionadas à clarividência. Para aqueles que desejam saber mais sobre bioenergias, recomenda-se a seção de "Referências Conscienciológicas".

Visão Periférica

Tendo como referência o modelo das telas sobrepostas apresentado no capítulo "Percepção de Imagens", pode-se dizer que o centro da tela é mais brilhante do que as beiradas, ao menos na dimensão intrafísica.

É como se a tela física ofuscasse menos a tela extrafísica da clarividência na área mais periférica (bordas) da visão.

O campo de visão periférica se inicia aproximadamente a partir de sete graus de arco, tendo o ponto central da visão como referência.

A região central da córnea possui maior concentração de células receptoras, por isso a visão central (ou não periférica) apresenta-se em mais detalhe.

Se você olha diretamente para uma palavra, no centro desta página, e mantém o olhar e o foco nesta palavra, tendo o livro a uma distância normal de leitura, verá que as palavras no topo e na base da página ficam ilegíveis, já que a imagem destas palavras é recebida na parte mais distante do centro da retina, onde há menos células receptoras. As imagens que chegam à região periférica da visão têm menos resolução e por isso não conseguimos uma imagem nítida das palavras que estão nessa área.

No caso da clarividência, a falta de nitidez física na região periférica da visão pode ajudar, pois se estamos recebendo "menos imagem" física nesta área, quem sabe, possamos identificar com mais facilidade as imagens extrafísicas.

O relato de Marcus ilustra justamente este aspecto:

> *"Estava lendo um livro na cozinha, à noite. Minha esposa e filha já tinham ido dormir e a casa estava em silêncio quase absoluto, apenas ouvia o ruído da geladeira e poucos carros passando na rua, à frente. A leitura estava interessante e, na posição onde estava, podia ver no "canto do olho" a porta da cozinha que dava para o corredor, que estava com a luz apagada.*
>
> *Depois de uns trinta minutos de leitura, percebi claramente alguém passando rapidamente no corredor. Pensei: poderia ser a Juliana, minha filha? Lembrei que se fosse, teria escutado os passos no piso de madeira... Levantei, fui até o quarto de minha filha e vi que estava dormindo. O mesmo em relação à minha esposa. Voltei a ler. Em menos de dez minutos, vi*

a consciex passando de novo pelo corredor. Desta vez, lembrei-me de não olhar diretamente, parei de ler e mantive os olhos no livro, mas a atenção na porta. Em menos de um minuto, vi o contorno da consciex, que nesse momento, tinha parado na porta e olhava em minha direção. A energia que percebi da consciex era tranquila, como se fosse uma criança curiosa, tentando entender minha presença e concentração na leitura [...]"

Neste relato, a clarividência espontânea se deu na visão periférica, já que Marcus estava com a visão central focada no livro.

Em muitos casos, a reação instintiva é de olhar diretamente para o que chama a atenção na visão periférica, o que normalmente "corta" a clarividência. Por isso, várias das técnicas apresentadas trabalham com a ideia de "focar" a vista em um ponto específico e prestar atenção no que se percebe na visão periférica, buscando resistir ao impulso de olhar diretamente, ao menos até que se possa "fixar" a sintonia da clarividência. Normalmente após a fixação, pode-se olhar diretamente e examinar com mais calma a percepção visual extrafísica.

Em muitos casos, vê-se energias, chacras e consciexes justamente na área onde não se está prestando atenção. Em *workshops* onde os alunos estão sentados em várias fileiras, é comum que os alunos das fileiras de trás vejam a aura dos alunos das fileiras da frente, quando na verdade estão tentando ver a aura do professor à frente da sala de aula.

Uso de Óculos e Lentes

A clarividência, por ser extrafísica, tecnicamente não requer o uso de óculos ou lentes de contato. Apesar disso, é recomendável que se tenha uma visão intrafísica clara servindo de referência nos exercícios, para que se possa diferenciar com mais facilidade as percepções das distintas dimensões. Assim, recomenda-se o uso de lentes corretivas durante os exercícios de clarividência para aqueles que as necessitem no dia a dia.

Este princípio se aplica em particular à miopia e para exercícios que têm como objetivo ver as energias de uma pessoa localizada a alguns metros de distância. Seria naturalmente mais difícil identificar as percepções extrafísicas se tudo à frente estivesse borrado. Contudo, há pessoas com miopia que, quando fazem os exercícios *sem* os óculos, têm resultados melhores.

Entre as lentes de contato e os óculos, na minha experiência com os dois, prefiro os óculos, ao menos em exercícios para observar a aura de outra pessoa. A lente de contato permite um tempo maior sem piscar, mas quanto mais tempo com os olhos abertos, maior o ressecamento da lente, o que pode resultar que ela salte dos olhos (ou se dobre), quando resolver fechá-los.

Algo que pode amenizar o efeito de ressecamento das lentes de contato é o uso de uma ou duas gotas de colírio próprio para as lentes, antes do experimento, mas piscando os olhos enquanto olha para cima e deixando de piscar quando volta a olhar para frente. Assim, o excesso de colírio ainda nos olhos aumenta o tempo de conforto antes do ressecamento tornar-se incômodo.

Os óculos podem apresentar limitações nas técnicas que se utilizem da visão periférica a curta distância, em especial para óculos com lentes menores.

Treinamento Diário

A clarividência, como modalidade de parapsiquismo, não foge à regra de "quanto mais tentativas, melhor". Talvez por estarmos imersos em uma cultura imediatista, há pessoas que se desanimam após pouquíssimas tentativas de um número muito reduzido de técnicas.

O dia a dia oferece situações onde podemos aproveitar para tentar observar as auras das pessoas ao redor, sempre trabalhando com uma OLVE antes e uma depois, buscando o estado vibracional para manter o equilíbrio energético.

Aplicando-se o bom senso e certa discrição, podemos fazer pequenos experimentos de clarividência com diferentes condições de iluminação, cores e tipos de energia em situações: na fila do caixa do supermercado, em reuniões, ônibus, metrô e na academia.

A única restrição é quando se está dirigindo (ou algo equivalente em termos de atenção/risco), neste caso **não** se deve fazer experimentos parapsíquicos, já que a atividade requer a visão e a atenção *intrafísica*, além de um estado de vigília oposto ao relaxamento que poderia resultar em sono.

Densidade do Campo

Exteriorizar bioenergias antes de um exercício de clarividência é algo que ajuda a densificar o campo de energias. Como princípio, ver energias mais densas é mais fácil do que ver energias mais sutis.

Nem sempre temos controle sobre esse fator específico, mas é bom que o experimentador tenha isso em mente e considere também esta variável: a exteriorização tende a criar uma condição facilitada para a clarividência.

Já houve exercícios onde todos fizeram tudo "certo", em termos de procedimento, porém não viram nada. Dez ou vinte minutos depois, no exercício seguinte, aplicando o mesmo procedimento, os mesmos alunos tiveram várias percepções, facilitadas pela presença de energias mais densas ou um campo de energias mais propício à clarividência quando comparado com o campo anterior.

O assunto de campos de energia é algo complexo, mas um dos dados experimentais é que a movimentação física atrapalha a formação e às vezes a manutenção dos campos.

Mesmo que o experimentador esteja bem relaxado e sem se mover, a movimentação de um terceiro pode interferir nas condições do campo e portanto no nível de facilidade de percepção extrafísica em um exercício. Por isso, a orientação geral é de evitar ao máximo a movimentação.

Intenções, *Cosmoética*

De maneira simplificada, podemos definir a cosmoética como o conjunto de princípios, valores, linhas gerais relativas de conduta mais produtiva para as consciências. A cosmoética vai além da manifestação através do soma. Por exemplo, pensar destrutivamente em relação a uma pessoa é *anti*cosmoético, já que as energias da pessoa que pensa são naturalmente enviadas para a pessoa que é o sujeito do pensamento, e um padrão negativo poderia influenciá-la e prejudicá-la, mesmo sem ação física.

Waldo Vieira, propositor do conceito, apresenta a seguinte definição em seu livro *Homo sapiens reurbanisatus:*

> Cosmoética (cosmo + ética) *é a especialidade da Conscienciologia aplicada ao estudo da ética ou reflexão sobre a moral cósmica, multidimensional, definindo a holomaturidade consciencial, situada além da moral social, intrafísica, ou aquela apresentada sob qualquer rótulo humano, ao modo de discernimento máximo, moral e emocional, a partir da intimidade do microuniverso de cada consciência [Vieira, 13; página 1018].*

Já que a clarividência vai além da percepção puramente física, é coerente pensarmos em termos de *cosmo*ética, ou seja, uma ética além da experiência humana básica. Se a análise do ditado "olhar não tira pedaço", que naturalmente se refere à dimensão intrafísica, pode levantar questões éticas, a pergunta "*Clarividenciar* tira pedaço?" é mais complexa e remete à cosmoética.

Ação e reação

Seria bom se fosse verdade o mito popular de que "se fizer coisa ruim os guias espirituais tiram o dom de você". Apesar de existir tal possibilidade, o que acontece com mais frequência não é exatamente isso. Se a intenção do experimentador não for boa, algo que afeta o holopensene individual, ele ou ela vai atrair consciências extrafísicas com intenções similares, que por sua vez podem trazer influências negativas para o experimentador. Isso abre um assunto mais complexo, a questão das relações entre consciências intra e extrafísicas, porém não fica difícil entender que a qualidade da sua intenção seleciona as companhias extrafísicas.

Na verdade, a mesma lógica se aplica à intrafisicalidade, ao dia a dia: se alguém se dedica à lavagem de dinheiro e fraude, acaba escolhendo um círculo de amizades específico, com uma probabilidade maior de envolvimento em um tiroteio, por exemplo, devido a um conflito "de negócios".

As escolhas retiram, no mínimo, um aspecto da liberdade individual: à medida que a atividade ilícita se desenvolve, mais e mais segredos têm de ser mantidos pelo grupo. Assim, os indivíduos do grupo agora têm o poder de prejudicar uns aos outros, usando o que sabem para chantagem, por exemplo. A participação na atividade ilícita acaba colocando o indivíduo em uma posição com maior probabilidade de envolvimento em problemas intra e extrafísicos.

Seguindo o raciocínio dessa situação e pensando em algo mais trivial, porém incluindo considerações extrafísicas: se José decide obter informações através da clarividência com fins de manipulação, suas energias serão mais compatíveis com aquelas companhias extrafísicas que aceitam exercer a manipulação, em algum nível. Em outras palavras, a tendência é que as companhias extrafísicas aceitem o seu (baixo) nível de cosmoética. Assim, estes mesmos "amigos extrafísicos" não hesitariam, se precisassem, em manipular José. Tais consciências extrafísicas teriam facilidade de se conectar energeticamente a José devido ao holopensene similar. Desta maneira, a conscin manipuladora fica sujeita a ser manipulada por suas companhias extrafísicas, perdendo liberdade individual.

A lógica disso é que cosmoética chama cosmoética e o oposto é também verdadeiro. "Aqui se faz e aqui se paga" diz o ditado popular. Não há punição ou sentença, só causa e consequência, em geral, piorada pela própria imaturidade das consciências envolvidas.

A qualidade das intenções também influencia a sintonia de sua clarividência. Más ações e intenções, que incluem pensamentos, vão fazer com que a pessoa sintonize com a camada mais densa da dimensão extrafísica, limitando a experiência.

Sabemos que o acoplamento energético facilita a clarividência, em especial com relação à clarividência facial que se dá a partir de algum ponto em comum, empatia, *rapport*, que se traduz nas energias.

Assim, o padrão de seus pensamentos e sentimentos (holopensene) vai determinar com que facilidade você vai poder ver uma consciência mais avançada em termos de evolução. O padrão é um reflexo do código de cosmoética e quanto mais avançada a consciência, mais cosmoética será. Portanto, o nível de cosmoética do experimentador determina o nível evolutivo máximo que estará mais facilmente observável nos exercícios.

Outro aspecto fundamental é que más ações e intenções (anticosmoética) interrompem a conexão com os amparadores, consciências extrafísicas mais lúcidas, que podem ajudar muito na melhoria do parapsiquismo do experimentador. Esta ajuda, em geral, vem em forma de telepatia, intuição, *insights,* desbloqueios, ativação temporária de um chacra ou do parapsiquismo. A qualidade das intenções é refletida inevitavelmente no campo energético ao nosso redor, portanto não basta repetir ou pensar que tem boas intenções. As ações e pensamentos devem *ser* bem intencionados.

Voltando ao exemplo inicial do "corte da habilidade por guias espirituais". O que acontece muitas vezes não é exatamente um "corte" da clarividência, mas sim uma interrupção na ativação ou patrocínio da mesma. A interrupção da ajuda normalmente se dá porque o amparador não quer compactuar com as ações negativas.

Entre as centenas de casos que ouvi relacionados à cosmoética está o de Clarissa. Sua sócia começou bem nos exercícios e estava progredindo com experiências extrafísicas cada vez mais interessantes. Quando decidiu tentar usar a clarividência viajora para descobrir a estratégia de seu principal concorrente, o rendimento parapsíquico caiu bruscamente. Neste caso, as consciências extrafísicas que estavam ajudando simplesmente "tiram o time de campo" ao reconhecer a intenção anticosmoética.

Amparo e assédio

A natureza da interação com as companhias extrafísicas pode ser melhor entendida a partir de uma divisão em duas categorias básicas: amparo e assédio.

O amparador é a consciência extrafísica dedicada à assistência e tem como características principais a lucidez e a cosmoética. O resumo da intenção do amparador é ajudar no que for possível para que aconteça o melhor para todas as consciências, do ponto de vista evolutivo e multidimensional.

O assediador, ao contrário, exerce ação negativa direta ou indireta, influenciando a consciência a ele acoplada de maneira antievolutiva, por ignorância (falta de lucidez), egocentrismo, emoções patológicas e assim por diante.

Existe, além disso, uma categoria de assediador chamada guia-cego que, em alguns casos, pode até ajudar ou dar força à conscin a ele acoplada, porém por falta de lucidez e princípios cosmoéticos também atrasa a evolução e atua na função de assediador em momentos importantes.

O guia cego pode atuar igual a um amigo antigo e irracionalmente conservador que se opõe a qualquer mudança de hábito ou procedimento, mesmo que seja positiva e que represente uma "virada de mesa" produtiva que estava pendente por cinco vidas, por exemplo.

Certos guias cegos se opõem ao desenvolvimento do parapsiquismo, receando as potenciais renovações que possam ocorrer com a conscin em questão. Outros procuram dar um aspecto religioso ou místico ao fenômeno para a pessoa que já tenha certo parapsiquismo. Por isso, vale a pena o experimentador estudar seu próprio holopensene.

Todas as ações de pensamento e sentimento, incluindo a intenção verdadeira do experimentador são sempre públicas do ponto de vista extrafísico. Ao contrário de certas situações no intrafísico, onde alguém pode falar uma coisa e pensar outra, a consciex tem a possibilidade de "ler" a intenção real do experimentador que transparece através das energias. Neste sentido, a premissa de que "ninguém está vendo" é inválida se considerada a multidimensionalidade.

Assim, é bastante importante conhecer o padrão das ações pessoais, pensamentos, posicionamentos e intenções, pois o conjunto é o que determina a qualidade das energias e, como consequência, das companhias extrafísicas.

Buscar um padrão de pensamentos e sentimentos mais equilibrados ajuda no desenvolvimento da clarividência por pelo menos duas razões: (1) o padrão mais positivo das companhias extrafísicas propicia experiências igualmente positivas e educativas e (2) a presença de amparadores aumenta a possibilidade de parapsiquismo "patrocinado", ou seja, que os amparadores ajudem o experimentador a chegar a determinados tipos de experiência, auxiliando na densificação do campo de energias ou desbloqueando um chacra específico, por exemplo.

Discernimento e desassimilação

Já estabelecemos que em situações corriqueiras podemos acoplar energeticamente com outras consciências (intra e extrafísicas).

A profundidade da interação energética pode variar em situações do dia a dia, por exemplo, um "olá", que dure dois segundos, em geral não resulta em uma grande profundidade em termos de interação energética. Um aperto de mão seguido de dois minutos de conversa, por outro lado, facilita um certo intercâmbio de energias um pouco mais profundo. Uma conversa de trinta minutos, falando de assunto de interesse comum com um amigo com o qual temos mais afinidade, naturalmente abriria a possibilidade de um contato energético maior e provavelmente um acoplamento áurico.

Alguns exercícios de energia e de desenvolvimento do parapsiquismo, incluindo a técnica da clarividência facial, explicada no capítulo "Técnicas de Clarividência", podem causar um contato energético intenso.

Se por um lado o acoplamento energético pode facultar experiências de clarividência muito interessantes, por outro, pode fazer perdurar a influência das energias da pessoa com a qual tivemos contato, mesmo horas após o exercício. Essa influência ou assimilação energética pode ser atuante ou neutra, positiva ou negativa, desejável ou não, mais saudável ou mais patológica, tal como as interações de amparo e assédio descritas anteriormente.

Tendo isso em perspectiva, há dois aspectos a considerar para exercícios de energia (incluindo técnicas de clarividência) que envolvam mais de uma pessoa. O primeiro é a escolha dessas pessoas e o segundo é a desassimilação de energias.

Quanto ao primeiro aspecto, é importante utilizar – e às vezes aprimorar – a capacidade de escolha (discernimento) e buscar grupos e pessoas com um padrão de energias produtivo, equilibrado. O experimentador pode aguçar continuamente o senso de avaliação, não ignorando intuições e indicações de que algo está desconfortável ou improdutivo energeticamente, mas ao mesmo tempo, evitando o extremo "purismo", onde o excesso na escolha limitaria as experiências.

Pode-se escrever um livro inteiro sobre isso, mas como breve referência, podemos perguntar: as energias tendem a melhorar a lucidez? O padrão é mais consolador ou de esclarecimento? Mais de deslumbramento ou de entendimento? Mais de autocrítica ou distorcida pelo ego? Mais egoísta ou altruísta? Mais ou menos sectária? Mais ou menos manipuladora? Em contato com essas energias, sinto-me bem, confiante, tranquilo? A energia e a experiência facilitam o autoconhecimento e a autossuperação?

Algumas vezes, quando apresento a recomendação de escolher as pessoas com as quais aplicamos técnicas energéticas, me perguntam se isso não é elitismo e se o melhor não seria aceitar *qualquer* pessoa. Outras vezes, me perguntam se não é melhor fazer todos os exercícios estando só, evitando o contato energético mais direto com outras pessoas.

São dois extremos que podem ser comparados com uma situação do cotidiano: não convidamos qualquer pessoa para pernoitar como hóspede em nossa casa. Por outro lado, se nunca temos um hóspede em nossa casa, talvez isso signifique que estamos relativamente distantes de nossos amigos e parentes e, quem sabe, perdendo os benefícios de estarmos próximos de outras pessoas (seres humanos, consciências).

É exatamente nesse ponto que entra o discernimento individual. O que é mais importante, no meu caso?

Observe que as interações que descrevo, intrafísicas ou extrafísicas, têm um ponto em comum: a consciência. É importante manter em perspectiva que consciências extrafísicas, amparadores, guias cegos e assediadores são consciências.

A dessoma (ou descarte do corpo físico, morte) não transforma a consciência em puramente boa ou essencialmente má. A configuração de suas capacidades, interesses, características e objetivos, produtivos ou destrutivos não mudam imediatamente ou em razão da dessoma.

Desenvolver o parapsiquismo, incluindo a clarividência, é sem dúvida melhor do que a ignorância extrafísica. Encontramos mais ou menos os mesmos "tipos" de consciências no intrafísico e no extrafísico, com variados níveis de cosmoética. As evocações e filtragens são baseadas no holopensene, ações, intenções, afinidades e cosmoética.

Quanto ao segundo aspecto, a desassimilação, uma solução é dominar as técnicas da OLVE e do estado vibracional, descritas anteriormente na seção "Oscilação Longitudinal Voluntária de Energias (OLVE) e Estado Vibracional (EV)".

O estado vibracional promove a desassimilação energética, a limpeza do campo de energias pessoal e remove influências, restos e "rebarbas" energéticas indesejadas.

Essa mesma técnica pode servir para equilibrar o holopensene individual antes das técnicas de clarividência. Se chegamos do trabalho com preocupações daquele ambiente, uma OLVE pode ajudar-nos a desassimilar energias associadas a tais preocupações. Assim, reduziríamos a possibilidade de interferência daquele padrão de pensamento – e de consciências associadas ao mesmo padrão – durante o exercício.

Em resumo, são duas as otimizações recomendadas, não só para a clarividência, mas para o desenvolvimento do parapsiquismo em geral, em exercícios que envolvam outras pessoas: primeiro, escolha suas companhias; segundo, utilize a técnica da OLVE antes e depois dos exercícios, buscando chegar ao estado vibracional para entrar e sair "limpo" do ambiente. A meta é poder desassimilar energeticamente após contatos e acoplamentos com qualquer consciência intrafísica ou extrafísica, em qualquer condição.

O assunto de relações interconscienciais e cosmoética é algo interessante e complexo, difícil de resumir em poucos parágrafos, por isso recomendo a seção "Referências Conscienciológicas" para maiores informações sobre o tema.

CAPÍTULO 7

Exercícios de Preparação

Há uma série de habilidades básicas e importantes para o desenvolvimento da clarividência. O relaxamento, a capacidade de concentração e o trabalho com energias são algumas das habilidades tratadas nos capítulos anteriores.

Os exercícios de preparação têm como objetivo treinar estas e outras habilidades, podendo ser agrupados em duas categorias: energossoma e controle da percepção física.

O ponto principal dos exercícios com o energossoma é criar uma condição em que as energias possam fluir sem maiores bloqueios, "abrindo" e "ativando" chacras. A soltura e a expansão do energossoma devem, por sua vez, dar uma liberdade maior de movimento para o psicossoma, o que facilita as percepções através deste veículo, tal é o caso da visão extrafísica.

Sentir as bioenergias durante a aplicação destas técnicas é também um passo importante. A percepção objetiva do corpo energético ajudará a aumentar a autoconfiança com relação às percepções parapsíquicas.

Já a parte de treinamento de controle da percepção tem dois objetivos principais: um é aumentar a lucidez quanto às *nuances* perceptivas; outro é que, ao fazer experimentos para aprender a controlar alguns aspectos da percepção física, você descubra comandos e procedimentos pessoais que ativam a clarividência, para que você encontre e aprenda a operar o "interruptor" desta habilidade.

Com relação às *nuances*, o exemplo que podemos utilizar é da diferença entre um consumidor comum de café e um profissional que avalia o sabor e aroma de grãos de distintas origens.

Para o observador comum o café tem duas qualidades: bom e ruim. O avaliador profissional já identifica aspectos como acidez, corpo, aroma e sabor com vários níveis e vocabulário específico para cada uma das variáveis. O profissional, portanto, percebe maiores *nuances* ao provar o café.

De maneira análoga, o objetivo é que se desenvolva a habilidade de identificação de *nuances* da percepção *física* como uma preparação para perceber as sutilezas da percepção *extrafísica*.

Zulmira, uma senhora muito culta e viajada, descrevia a aura que via como "branca" nos primeiros dois exercícios. Após escutar descrições de detalhes que outros participantes do mesmo exercício observaram – textura, cores e formas – passou a notar algumas destas *nuances* em exercícios seguintes. Nos dois primeiros exercícios, ela não tinha notado tais detalhes, não por falta da habilidade de ver, mas por falta da habilidade de processar a percepção visual e traduzi-la com um vocabulário específico e descritivo.

Algumas pessoas talvez decidam ir diretamente às técnicas de clarividência em si, saltando os exercícios deste capítulo. Naturalmente, não recomendo esta estratégia, até porque em geral as pessoas com perfil menos paciente chegam à conclusão errada de que a técnica não funciona, ainda que tenham tentado somente uma vez.

Um exemplo de aplicação direta de uma técnica sem um entendimento do fenômeno e sem as habilidades básicas necessárias seria um gerente de compras que seguisse um *script* fixo para conseguir o melhor preço em uma negociação e após o desfecho infeliz, dizer que "não funciona". Quem sabe o *script* fosse adequado e tenha trazido sucesso para muitas pessoas, porém não funcionou para aquele indivíduo em particular porque faltou a habilidade de comunicação, uma habilidade básica.

Atletas profissionais normalmente repetem exercícios básicos periodicamente para desenvolver habilidades mais complexas e ter um rendimento melhor nas competições.

Neste contexto, o diagrama que representa este ciclo de desenvolvimento está a seguir:

Habilidade Básica "X"

(Por exemplo: desbloqueio do energossoma)

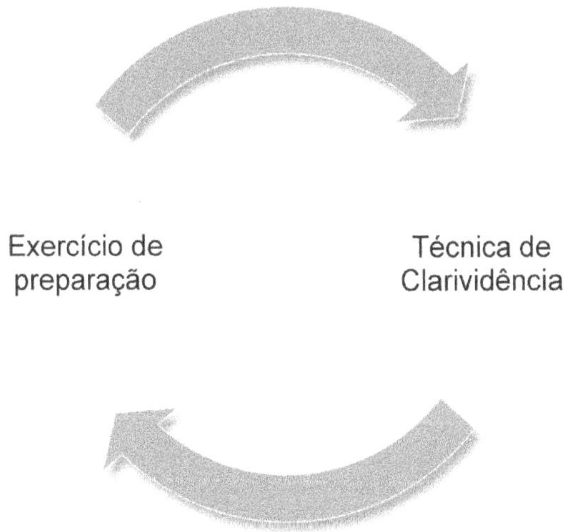

Figura 14: Ciclo de desenvolvimento de habilidade básica

Tal ciclo serve também para evitar pontos de estagnação ou perda de motivação durante o desenvolvimento do parapsiquismo e das técnicas.

A sugestão é aplicá-lo várias vezes e para todas as habilidades básicas, de modo a melhorar a performance nas técnicas de clarividência, buscando a condição de "atleta parapsíquico".

A seguir, apresentamos uma série de exercícios de preparação:

Controle do Ponto Focal

Focalizar significa ter uma imagem nítida no ponto onde se está capturando tal imagem. No caso da visão física, quando vemos algo "em foco" e a imagem é nítida, isto significa que o ponto focal de convergência dos raios luminosos está na retina, onde capturamos imagens físicas.

Os olhos físicos ajustam o ponto focal através de músculos que alteram o formato do cristalino, a lente que ajusta o foco de acordo com a distância do que estamos vendo. Assim, podemos ver com nitidez o rosto da pessoa a meio metro de distância, com a qual estamos conversando ou as folhas de uma árvore a quinze metros, atrás desta pessoa.

O problema é que um objeto a um metro de distância e outro a quinze necessitam de lentes diferentes para que se obtenha uma imagem nítida na retina. Assim, temos que escolher se o ponto focal está no rosto da pessoa *ou* nas folhas da árvore. Dependendo da escolha, o rosto da pessoa *ou* as folhas da árvore estará nítido.

Normalmente, a mudança de foco se dá de maneira automática, inconsciente, e trata-se de uma habilidade física. A relação com a clarividência é a seguinte: se aprendemos a focalizar pela vontade em um ponto imaginário que está flutuando no ar e não em uma superfície onde inconscientemente assentaríamos o ponto focal da visão física, isso, às vezes, pode iniciar ou facilitar a clarividência.

Algumas das técnicas a seguir fazem referência a esse tipo de focalização em um ponto arbitrário. Portanto, a ideia é aprender a controlar os músculos que alteram o formato do cristalino através da vontade.

Exemplo e treino: segure este livro com a mão esquerda e o braço estendido de modo a afastá-lo de você. Depois coloque o indicador direito entre o livro e seu rosto. Se você olha para a ponta do dedo o texto ao fundo fica borrado, fora de foco. Se você tenta ler o texto, a ponta do dedo fica fora de foco.

Agora retire o indicador direito da frente do livro e tente focar no local onde estava a ponta do dedo anteriormente que agora é um ponto no ar, a meio caminho entre você e o livro. Ao focalizar o ponto no ar, o texto do livro deverá ficar fora de foco. O esforço é resistir à tendência natural de fechar o foco na primeira superfície adiante de você, neste caso, o livro. Para facilitar o procedimento, você pode imaginar um mosquito situado no ponto onde deseja focalizar a sua visão física.

Esta é uma habilidade simples e intrafísica, mas que pode indiretamente ajudar em alguns aspectos da clarividência.

Na seção de técnicas, quando apresentamos a clarividência facial, um dos passos consiste em focalizar em um ponto situado antes do nariz da pessoa observada, a três centímetros. Ou seja, a habilidade de focalizar em um ponto específico será necessária.

Há também a técnica de observação do energossoma de uma árvore que inclui focalizar em um ponto na tangente à superfície, a alguns centímetros de distância da mesma.

Outro potencial benefício de aprender esta habilidade básica ocorre quando estamos buscando aprender a mudar a sintonia da clarividência. Por exemplo, quando estamos vendo bem o contorno do coronochacra de alguém, mas queremos mudar a sintonia para ver uma consciência extrafísica que está ao seu lado. Esta mudança de sintonia consiste em uma mudança no modo de visão extrafísica através da vontade, por isso, aprender uma habilidade análoga da visão física potencialmente ajudaria neste sentido.

Seguir uma Linha atrás de um Objeto ou Pessoa

Procedimento:

1. Neste exercício, você necessitará de um ajudante. Se não for possível que alguém lhe ajude por dez a quinze minutos, você pode, como alternativa, usar um objeto mais ou menos na proporção de tamanho e forma de um torso, sobre uma escrivaninha ou uma cadeira com o encosto alto coberta com uma toalha.

2. O ajudante deve estar sentado em uma cadeira a meio metro de uma parede ou cortina o mais lisa possível. O ideal é ter como fundo uma parede de cor clara.

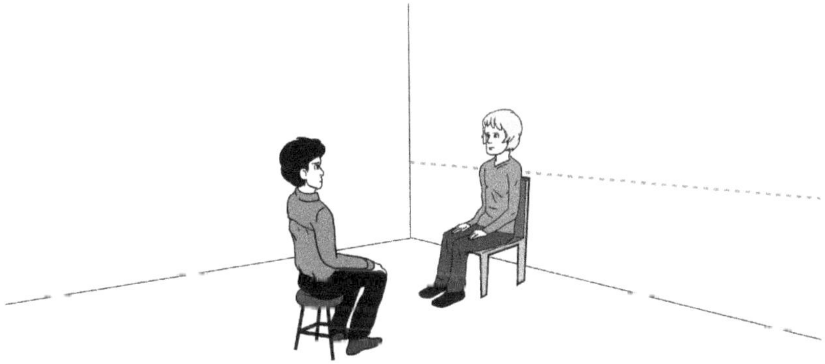

Figura 15: Seguir a linha atrás de uma pessoa

3. Desenhe uma linha horizontal a cerca de dez centímetros abaixo do topo do ombro do ajudante. A linha pode ser feita a giz, para que se possa apagá-la depois, ou com fita crepe que seja fácil de remover da parede após o exercício.

4. Posicione-se de dois a três metros de distância do ajudante, sente-se em uma cadeira e siga com os seus olhos a linha desenhada na parede, da esquerda para a direita, lentamente.

5. Procure manter o foco da visão na parede, mesmo quando a visão da linha esteja bloqueada pelo corpo do ajudante. A reação instintiva vai ser de ajustar o foco da parede para o corpo do ajudante, mas você buscará manter a vontade de ver a linha e saberá que o foco da visão está na parede se o ajudante estiver suavemente fora de foco.

6. Siga a linha da esquerda para a direita e da direita para a esquerda em velocidades diferentes até que domine a habilidade de manter o foco de visão na linha, durante todo o percurso.

O objetivo deste exercício é treinar a superação do instinto somático de orientação da visão. Isso pode ajudar muito quando se está começando a ver o extrafísico e o instinto força um movimento da visão física ou uma mudança de foco que acabe causando uma mudança na sintonia da clarividência, de modo que ao invés de ver com mais nitidez o extrafísico, a mudança instintiva na visão física faça a clarividência desaparecer.

Há várias reações automáticas relacionadas à visão, por exemplo, olhar diretamente para o que se move na região periférica. Isso é o que torna difícil ler um artigo da internet no monitor, quando há propagandas com animação nas laterais. O instinto é dar atenção ao que está se movendo na lateral, algo que provavelmente ajudou, nos tempos das cavernas, a perceber movimentos de predadores ao redor.

Outro instinto relacionado à visão física é a tendência de olhar para o que está em primeiro plano. Ao seguir a linha por trás da pessoa observada, você terá de resistir ao impulso de mudar o plano de foco da parede de fundo para o corpo da pessoa.

A ideia deste exercício é reproduzir o que tentamos fazer ao assistir a um programa super interessante na TV e alguém se coloca entre você e a TV (filho de vidraceiro!). Não queremos ver a pessoa que está à frente, queremos ver o programa passando na TV.

O terceiro aspecto do exercício é resistir ao impulso de olhar diretamente para o rosto da pessoa a sua frente, enquanto seguimos a linha.

Em exercícios onde o objetivo é observar diretamente uma consciência extrafísica, o domínio desse impulso vai ajudar a não interromper o desenvolvimento da experiência. Isso poderia acontecer se mudássemos o "modo de percepção" ao mover instintivamente os olhos físicos na direção do rosto da consciência extrafísica, no momento em que começamos a ver seu rosto.

Desenhar e Descrever as Percepções

Representar a sua experiência de clarividência não é necessariamente uma técnica, mas é um exercício que ajuda muito no desenvolvimento da habilidade.

A ideia é aumentar o nível de detalhe descrito. Por exemplo, compare os relatos a seguir, de duas pessoas diferentes descrevendo um mesmo exercício de clarividência:

> *"Vi o contorno brilhante ao redor de Joanna."*

> *"Vi o energossoma de Joanna, brilhante, contornando o seu corpo principalmente da cintura para cima. O contorno tinha cerca de três centímetros de espessura, um pouco mais espesso do lado esquerdo. A cor não era exatamente branca, mas sim um brilho que realçava e que parecia ter luminosidade própria, não refletida, pendendo mais para o branco prateado do que o branco azulado. Este contorno não se movia muito de maneira geral, mas o brilho e a espessura aumentaram, quando ela indicou que começou a trabalhar com as energias."*

As duas descrições se referem ao energossoma de um terceiro observado, mas com níveis de detalhe diferentes. À medida que a pessoa do primeiro relato busca descrever mais detalhes de sua experiência, estará naturalmente motivada para observá-los no próximo exercício. Assim, sua clarividência tende a melhorar.

Comentar a experiência com uma pessoa interessada – e preferivelmente curiosa – também ajuda. As perguntas vão fazer com que você pense nos detalhes. Se não souber responder, não há problema, sempre haverá um novo exercício onde você poderá observar o que foi questionado. A tentativa de ver algo novo, impulsiona o desenvolvimento da clarividência, ligando "interruptores" antes intocados e provocando sintonias diferentes.

Se a pessoa para quem descrevemos percepções parapsíquicas também tem experiências de clarividência, a condição se torna ainda melhor, pois será possível comparar e validar percepções, além de, à medida que se tenta transmitir experiências subjetivas, desenvolvermos naturalmente um vocabulário e representações específicas de percepções visuais extrafísicas.

Hiperacuidade na Percepção Visual Física

Devido às possíveis combinações de cor, saturação, iluminação direta ou indireta, frequência da luz que incide e outros fatores na percepção visual, há uma infinidade de *nuances* e detalhes que podemos observar.

Um aprimoramento maior da percepção praticamente não tem espaço na educação formal. A maioria das pessoas se interessa por esses temas quando são exigidos pela atividade profissional, como é o exemplo das áreas de arte e *design*.

Para mim, antes de ser sócio em uma gráfica, havia três tipos de azul: claro, normal e escuro. Quando começamos a pedir cotações para impressoras, comecei a estudar o tema da reprodução de cores e vi que na verdade há uma infinidade de azuis e a questão é tão complexa que há empresas especializadas em determinar parâmetros para conjuntos de cores específicas e reprodução mais fiel à imagem de referência.

A necessidade procedente da atividade profissional revelou vários aspectos da visão física: a relação entre a brancura do papel e quão "viva" a imagem parece, os diferentes efeitos quando certos tipos de verniz são aplicados sobre o impresso, dentre outros.

A tentativa de refinar a percepção visual física pode ajudar no refinamento das percepções em geral, incluindo a clarividência. Assim, recomendo o estudo de aspectos das cores em geral e os mecanismos da percepção visual, tanto em teoria quanto na prática.

Outro benefício do desenvolvimento da acuidade perceptiva é que a experiência pessoal de descobrir detalhes que estavam à sua frente por muitos anos – mas que você nunca notou – pode ajudar a flexibilizar o paradigma pessoal relacionado à possibilidade de aprender a identificar coisas novas em sua percepção, mesmo depois de décadas de uso diário.

Como a clarividência e outras formas de parapsiquismo consistem em uma expansão da percepção para dimensões extrafísicas, a flexibilidade no paradigma pessoal, relacionado à percepção, é importante para eliminar autobloqueios.

Exemplos de observações físicas que podem ajudar:

1. Observar como as cores que percebemos mudam em função da iluminação. Uma casa vermelha pode tender mais para o bordô no início da noite, após o pôr do sol.

2. Um dia seco permite-nos ver mais nitidamente objetos distantes, muitas vezes, tornando uma paisagem "mais bonita".

3. Ver a aparente diferença de tonalidade entre duas paredes perpendiculares, pintadas da mesma cor, devido a diferenças de intensidade e ângulo de iluminação.

4. Procurar reparar em que ambientes é usada a iluminação direta e em que ambientes existe a preferência pela iluminação indireta.

5. Algumas capas de livro e brochuras têm uma cobertura brilhante aplicada somente sobre as fotos, tendo o resto da superfície com acabamento fosco.

6. Estudar as definições de luminância, pureza de cor, luminosidade, matiz, modelos de cor e espaços de cor, procurando situações práticas onde possa identificar estas diferenças.

Desbloquear o Energossoma

Para mim, trabalhar com o energossoma foi o que mais ajudou no desenvolvimento da clarividência. Na verdade isso foi um efeito interessante e até certo ponto inesperado de vários exercícios durante o curso "Meta: Desperticidade" da IAC.

Um dos exercícios propostos durante este curso foi a aplicação, durante um ano, da técnica da OLVE, com o objetivo de chegar ao estado vibracional (ver capítulo "Fatores Otimizadores da Clarividência", seção "Oscilação Longitudinal Voluntária de Energias (OLVE) e Estado Vibracional (EV)").

Sabe-se que o frontochacra é o principal centro energético associado à clarividência e seu desbloqueio favorece o desenvolvimento da visão extrafísica. Contudo, conforme explicado, ainda que o frontochacra esteja desbloqueado e até relativamente ativo, o bloqueio de outros chacras coloca o praticante em desvantagem.

Um dos casos ilustrativos com relação a este aspecto foi o do José, um aluno com o frontochacra ativo, porém com um bloqueio específico, bastante perceptível, no cardiochacra e laringochacra. José relatou poucas experiências nos primeiros exercícios da oficina até que, em um dado exercício, segundo sua percepção, seu cardiochacra havia sido "trabalhado". Em seguida à sensação agradável de desbloqueio, passou a ver as energias do ambiente.

O relato reforça a hipótese apresentada anteriormente de que a ativação do frontochacra em separado não necessariamente predispõe à clarividência, em especial se houver outros bloqueios. A experiência de campo indica que mais vale estar razoavelmente desbloqueado, de maneira geral, do que ter o frontochacra ativo e outro(s) chacra(s) bloqueado(s).

Frontochacra: Exteriorizar em Pulsos

O frontochacra se situa um pouco acima do ponto de encontro, entre as sobrancelhas, aproximadamente na altura do final do osso frontal que define a testa.

Este é o chacra com maior número de referências, em qualquer tipo de literatura sobre clarividência. O próprio sinônimo popular de "terceiro olho" denota a relação direta com a visão extrafísica.

Ainda que os mecanismos exatos da relação entre frontochacra e clarividência sejam desconhecidos, sabe-se que a ativação frontochacral facilita o fenômeno. Neste sentido, este exercício visa ativar o frontochacra através da exteriorização de pulsos de energia produzidos pela vontade.

Você pode aplicar esta técnica sentado ou deitado, idealmente na condição de penumbra ou escuro total, com os olhos fechados, em um ambiente silencioso.

Após um relaxamento de aproximadamente cinco minutos, concentre sua atenção na região do frontochacra. Mantenha sua atenção neste ponto por aproximadamente três minutos. A atenção direcionada a um ponto específico tende a trazer suas energias para esse ponto.

As sensações mais comuns da acumulação de energia são: pressão, vibração, pulsação, "eletricidade", "borbulhamento", sensação de toque na área, por vezes suave como se fosse o toque de uma pena, ou em alguns casos mais contundentes, tal como se pressionáramos a região com a ponta do dedo.

Quando perceber que a energia já começa a se acumular no frontochacra, exteriorize um pulso ou jato de energias para frente, através do comando da vontade, buscando fazer a energia expandir cerca de um metro a partir de sua cabeça. A exteriorização deve durar entre cinco e dez segundos.

A partir dessa primeira exteriorização, comece um ciclo onde acumule energias no frontochacra por aproximadamente dez segundos e exteriorize um pulso de energia, com duração entre cinco e dez segundos.

Repita o ciclo, ao menos, vinte vezes. Se estiver deitado, no escuro, vale a pena abrir os olhos lentamente ao final do exercício e observar o ambiente, sem mover a cabeça ou os olhos, buscando detectar a dimensão energética ao seu redor.

Se fizer a técnica de manhã, tente sintonizar na sua própria aura, buscando vê-la de dentro para fora, enquanto olha para um ponto na linha de encontro entre a parede mais próxima dos pés.

Fluxo de Hidroenergia Nucal-Frontochacra

O chacra nucal representa, entre outras coisas, a "raiz" da conexão energética entre psicossoma e soma, podendo, portanto, influenciar na descoincidência do psicossoma. Com relação ao frontochacra, estabelecemos conexão com a clarividência no exercício anterior.

O objetivo principal deste exercício é desbloquear e ativar o chacra nucal para promover uma desconexão parcial do psicossoma e, consequentemente, facilitar a clarividência.

Este exercício é mais facilmente realizado no chuveiro, preferivelmente em uma ducha daquelas que lançam a água em ângulo, de modo que, ao estar de pé, de costas para a ducha, a água atinja a sua nuca.

Figura 16: Circuito nucal-frontochacra

A ideia é que você absorva a energia da água pelo chacra nucal e exteriorize pelo frontochacra, formando um canal de energias por dentro da cabeça, que está pendida para baixo, de modo que o queixo quase toque na parte superior do peito.

Para facilitar o relaxamento, você pode fechar os olhos, mas, nesse caso, deve apoiar uma das mãos na parede ao lado, para garantir o equilíbrio.

Uma variação, em termos de posição, é ter uma daquelas banquetas que se usam no box, fazer o exercício sentado, com os braços soltos ao lado das pernas, sustentando a parte superior do corpo com os músculos abdominais e lombares, tendo a cabeça igualmente pendente para baixo.

Não há requisito específico quanto à temperatura da água, pois a ideia é facilitar o relaxamento. A maioria prefere um meio termo entre a água quente, que facilita o relaxamento, e a fria, que parece amplificar ou facilitar a percepção da hidroenergia.

A hidroenergia é um dos tipos de energia da natureza (imanente) que tem uma relação facilitada com o energossoma. Por isso, na medida em que se consiga um relaxamento adequado, apesar da posição e do estímulo físico causado pela própria água, o exercício se mostra muito efetivo no desbloqueio e/ou ativação dos chacras-alvo.

Anel Corono-Frontochacra

Este exercício pode ser utilizado como preparação para a clarividência facial e está incorporado em alguns cursos curriculares de organizações relacionadas à Conscienciologia.

O primeiro passo, como em quase todas as técnicas, é relaxar o soma. Este exercício pode ser feito sentado, deitado ou até mesmo de pé, desde que se tomem as devidas precauções para manter o equilíbrio, mesmo com um relaxamento maior.

O segundo passo é começar a exteriorizar energias pelo coronochacra, localizado na parte superior da cabeça, mas para trás do topo, conforme indicado na próxima figura.

Em seguida, ao mesmo tempo em que se exterioriza através do coronochacra, comece a absorver energias pelo frontochacra, localizado mais ou menos entre as sobrancelhas. Desta maneira você estabelecerá um anel de energias instalado metade fora da sua cabeça e metade dentro, com as energias girando no formato circular.

Figura 17: Anel corono-frontochacra

Esse fluxo de energias entre os chacras deverá ativá-los de maneira a facilitar a clarividência.

No início, a ideia é fazer a energia girar lentamente, concentrando a atenção no circuito e nas sensações da energia. Esta fase inicial deve durar cerca de cinco minutos. A seguir, você deverá aumentar a quantidade de energias em circulação, tornando o anel mais forte, mais denso, mais intenso. Você pode também aumentar a velocidade de giro das energias, sempre mantendo o relaxamento do corpo físico, para buscar uma ativação maior dos chacras que estão sendo "trabalhados".

O sucesso desta técnica é a medida da ativação destes dois chacras ao final de quinze minutos, o que poderia ser indicado, por exemplo, pelas sensações de pressão, vibração, pulsação, "eletricidade" e "borbulhamento".

CAPÍTULO 8

Técnicas de Clarividência

Generalidades

Persistência

Em qualquer exercício concebido para o desenvolvimento de uma habilidade, a repetição é a alma do negócio. Ninguém espera acertar um exercício de escala no piano da primeira vez que o toca. Ainda que acerte, provavelmente vai tentar uma segunda, terceira e até décima vez, com graus diferentes de sucesso até que possa de maneira consistente, acertar *quase* sempre.

A clarividência, como habilidade consciencial, não foge à regra. Por isso, recomenda-se repetir a técnica escolhida pelo menos dez vezes, antes de se tecer alguma conclusão sobre seu sucesso com aquele conjunto de procedimentos.

O ideal é também tentar em dias diferentes, anotar as condições do experimento e ver se existem padrões ou aspectos que possam ajudar no desenvolvimento. Por exemplo, sempre anoto a cor da camisa e a cor da pintura da parede das salas de aula onde realizamos *workshops* para ver se há combinações relacionadas com um aumento na quantidade e tipo de percepções dos alunos.

Entendimento do processo

Técnicas são conjuntos de procedimentos desenhados para atingir um objetivo. Sabe-se que essa definição funciona bem para as ciências exatas, fábricas e fórmulas químicas.

Quando tratamos de técnicas para o desenvolvimento parapsíquico, o funcionamento e a eficácia de qualquer conjunto de procedimentos não pode ser avaliado superficialmente. É importante considerar a complexidade do que se deseja obter para entender o que funciona e em que contexto.

Por exemplo, os passos e detalhes de uma técnica podem ser planejados e detalhados visando a facilidade de aplicação universal. Mesmo assim, a relação entre seguir os passos de uma técnica parapsíquica e seus resultados não é tão direta quanto em uma receita de bolo.

Para um bolo, se os ingredientes estiverem dentro de certos parâmetros e respeitadas as temperaturas e tempos de atuação do fermento e do forno, as chances de ter um bolo "aceitável" – e quem sabe até saboroso – são bastante boas.

A clarividência, por outro lado, envolve uma quantidade maior de variáveis, tornado menos provável que uma lista de procedimentos capture toda a complexidade do fenômeno e suas variáveis. Além disso, um dos "ingredientes" de todas as técnicas a seguir somos nós, consciências, com habilidades, atributos, motivação e estado de ânimo que podem variar enormemente de um dia para o outro.

Por essas razões, este capítulo apresenta várias técnicas (receitas, na analogia) diferentes, para que você experimente várias delas e descubra a mais efetiva para o seu caso, em cada contexto, ou até mesmo identifique uma combinação de elementos de duas ou mais técnicas que funcionem melhor.

O entendimento do fenômeno em questão é um ingrediente que deve ser adicionado a todas as técnicas a fim de melhorar os resultados. Sendo assim, não recomendo que esta seja a primeira seção do livro a ser lida, pois sem a compreensão dos mecanismos básicos da clarividência, as técnicas a seguir perdem eficácia.

Técnica da Aeroenergia

A energia imanente do ar, denominada aeroenergia, é muitas vezes percebida espontaneamente, quando estamos naturalmente relaxados e olhamos para cima ou para o horizonte sobre o mar.

O objetivo desse exercício é a percepção visual da aeroenergia e deve ser feito em lugar aberto, onde seja possível ver o céu, preferivelmente tomando todo o campo de visão. Busque, portanto, locais específicos de um parque, gramado, praia, ou campo, onde deitado e com os olhos abertos, voltados para o céu, você não veja prédios, postes, árvores, somente o azul.

Os óculos podem atrapalhar um pouco nessa técnica, na medida em que as bordas das lentes estarão visíveis e os "cantos" do seu campo visual estarão fora de foco (para os míopes). Desta maneira, seria preferível usar lentes de contato, já que as bordas das lentes não são visíveis. Se não há esta opção, seria provavelmente melhor usar os óculos do que ter uma referência fora de foco.

Os passos:

1. Comece esta técnica com os olhos fechados, deitado em posição confortável. Nos primeiros quinze minutos, relaxe o corpo e a mente e procure trabalhar com o seu corpo energético, em especial, com a OLVE.

2. Em seguida, procure integrar-se com as energias da natureza ao seu redor. Este passo deve durar em torno de cinco minutos e pode ser facilitado por uma absorção de energias.

3. Abra os olhos e olhe para o céu, sem a necessidade de fixar a visão em um ponto específico, inicialmente. O bom deste exercício é que se todo o seu campo visual está tomado pelo céu sem nuvens, você não tem um ponto próximo onde "fixar" o foco de visão, o que pode ajudar nas observações de clarividência e muitas vezes "dispará-la" espontaneamente.

4. Observe o céu da maneira descrita, durante ao menos cinco minutos, sem ansiedade, buscando estar mais receptivo às imagens que possa perceber.

5. A seguir, olhe para um ponto a cerca de dez metros de altura, como se estivesse procurando algum objeto muito pequeno e em movimento, como um inseto (uma libélula, por exemplo) que estivesse voando por lá. Prossiga nessa "procura" por dez minutos pelo menos

ou até que comece a ver pontos luminosos, em geral de cor esbranquiçada, que se movem aleatoriamente.

Estes pontos luminosos normalmente cobrem grande parte (e às vezes todo) do seu campo visual. Os pontos dão a impressão de preencher o espaço que começa a meio metro do seu soma até vários metros de distância. Os pontos parecem vivos, diferentes de simples pontos de luz.

Tais pontos correspondem à percepção da aeroenergia através da clarividência. A hidroenergia e geoenergia do local, tipos de energia imanente, também poderão ser percebidas durante este exercício.

Técnica do Contorno

Nesta técnica, você vai necessitar de um assistente. A ideia é que esse assistente esteja a mais ou menos dois metros de distância de você, diante de um fundo uniforme, ou seja, sem muitos elementos que possam causar distrações, como formas variadas, objetos em movimento, cores variadas, texto legível e assim por diante.

Essa técnica pode ser feita com ambos sentados ou em pé. Para um relaxamento mais profundo, importante principalmente para o observado-clarividente, pode-se utilizar uma poltrona ou sofá confortável, onde seja possível ter a cabeça apoiada.

O ideal seria uma parede branca ou cortina de cor clara, de modo a minimizar as distrações. É importante seguir também as recomendações de iluminação apresentadas no capítulo "Fatores Otimizadores da Clarividência", seção "Iluminação", em especial, evitar iluminação natural vinda de trás do assistente. Portanto, se o fundo for uma cortina de uma janela, a técnica deverá ser feita à noite ou a janela deverá ser coberta com material totalmente opaco, por exemplo, papel alumínio ou chapas de papelão ondulado.

O assistente deve ficar entre três e cinco metros da parede, de modo que se o ponto focal está no assistente, a parede ficará fora de foco.

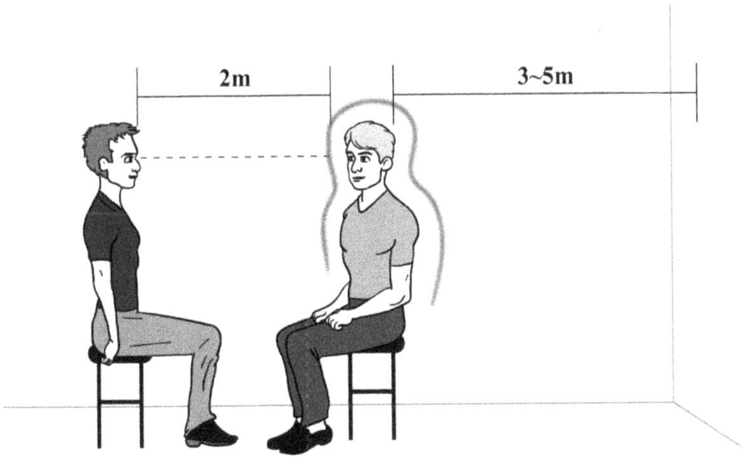

Figura 18: Técnica de seguir o contorno

Passos:

1. Com os olhos fechados, relaxe o corpo físico, busque serenidade mental, mantendo-se lúcido e trabalhe com suas energias por dez minutos

2. Abra os olhos, focalize um ponto no ar a três centímetros de distância do braço do assistente e comece a seguir uma linha imaginária a três centímetros do contorno do corpo do assistente, desde a metade do braço direito até a metade do braço esquerdo. A linha contorna o ombro, pescoço e a cabeça.

3. O movimento de seu ponto focal deve ser lento, de maneira que, para seguir a linha imaginária descrita no passo anterior, de um braço até o outro, você levaria de um a três minutos.

4. Continue seguindo a linha. De maneira cíclica, quando chegar ao braço esquerdo, volte a seguir a linha no sentido oposto, passando pelo topo da cabeça novamente, até que chegue ao braço direito, onde reinicia o ciclo.

Durante o movimento lento, você está tentando observar o energossoma ou a camada energética mais próxima do soma.

É comum que você veja as energias do assistente do lado oposto do qual observa, devido à visão periférica. Por exemplo, enquanto está no contorno do ombro esquerdo, você vê as energias do ombro direito. Se isso acontece, pode-se interromper o percurso do contorno, naquele ponto da linha imaginária, a três centímetros do ombro esquerdo e procurar aumentar o relaxamento para ver se a percepção de clarividência na parte periférica aumenta, até que se possa ver o contorno energético completo do assistente.

Técnica do Ponto no Plano de Fundo

Nesta técnica você também precisará de um assistente. O assistente, neste caso, fica a cinquenta centímetros da parede e você está entre dois e três metros do assistente, ambos sentados, face a face.

A parede deve ter um ponto preto, de mais ou menos dois centímetros de diâmetro, preferivelmente fosco (não brilhante). Tendo em vista que a maioria de nós provavelmente não vai querer pintar um ponto preto na parede, uma solução simples é recortar um círculo em fita isolante preta que pode ser colado na parede e posteriormente removido.

Outra possibilidade é imprimir ou desenhar esse ponto em uma folha de papel branca ou da cor da parede e colar a folha na parede com fita adesiva.

O ponto preto deve estar mais ou menos na altura do ouvido do assistente, a cerca de dez centímetros de distância de sua cabeça.

O ambiente deve ser de penumbra e iluminação preferencialmente indireta e difusa, de modo a evitar sombras ao fundo.

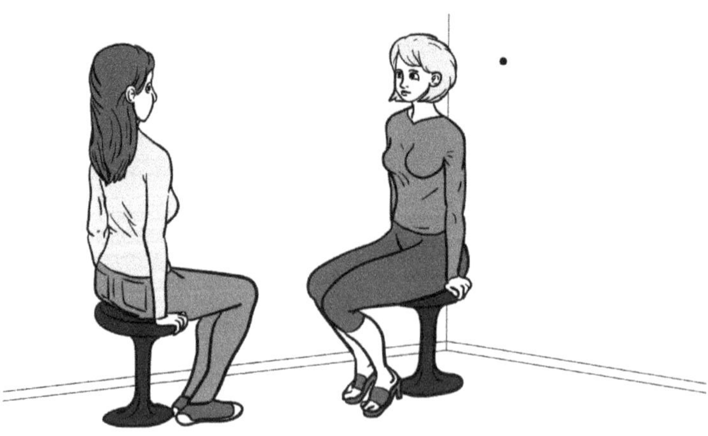

Figura 19: Ponto no plano de fundo

Os passos:

1. Com os olhos fechados, relaxe o corpo físico, busque serenidade mental, mantendo-se lúcido e trabalhe com suas energias por dez minutos.

2. Abra os olhos e olhe diretamente para o ponto preto na parede, concentrando nele o seu foco de atenção. Procure não olhar diretamente para o soma do assistente.

3. Procure ver através da visão periférica, do lado oposto ao ponto, o corpo energético do assistente e, à medida que tiver sucesso nesta observação, procure ver outros elementos da aura e dimensão extrafísica.

Esse conjunto de procedimentos é simples e muito eficaz para a ver o energossoma, normalmente percebido como um contorno brilhante ao redor de todo o corpo físico.

Técnica da Observação do Energossoma de Plantas

Uma das maneiras de fazer este exercício é deitar-se sob uma árvore saudável, com os olhos abertos e de maneira que você veja um galho, preferivelmente dos mais grossos (mais bioenergia), na parte central de seu campo visual.

É importante que você esteja confortável nesta posição, pois o exercício deve durar cerca de trinta minutos no total. Se deitar na grama, talvez seja bom usar uma toalha, plástico ou colchonete para isolar a umidade e acomodar melhor o soma.

Procure um lugar com sombra ou assegure-se de que o sol não se tornará incômodo ao incidir por trinta minutos.

Os passos:

1. Após acomodar o soma confortavelmente, inicie a técnica, com dez a quinze minutos de relaxamento e mobilização de bioenergias, de olhos fechados.

2. Abra os olhos e focalize em um ponto no ar, a três centímetros do galho da árvore, tangente ao mesmo, buscando sintonizar o energossoma da árvore.

Figura 20: Observação do energossoma de uma árvore

3. Tranquilize seus pensamentos e emoções; procure "pensar e sentir como árvore", buscando uma aproximação de seu padrão de energias com o da consciência-árvore observada.

4. Integre suas energias com as da árvore, ou seja, busque um acoplamento energético a partir do relaxamento, serenidade e abertismo de suas próprias energias, permitindo uma fusão temporária entre o seu campo energético e o da árvore. Dedique cerca de dez minutos a esse passo; a conexão energética deve ajudar a clarividência.

5. Procure observar, através da visão periférica e visão direta, alternando a sintonia entre o energossoma e a parte mais externa do campo energético da árvore, buscando identificar o alcance da aura observada. Com o tempo, você poderá ver diferenças nas percepções de clarividência entre espécies distintas e até diferenças entre uma árvore e outra da mesma espécie.

Uma variante desta técnica consiste em sentar-se em uma cadeira confortável a mais ou menos vinte metros da árvore observada. A cadeira pode ser de *camping* ou até mesmo de praia, desde que permita estar com a cabeça apoiada. O ideal é que a cadeira não fique muito reclinada e permita que você olhe para o tronco da árvore com os olhos em repouso, sem forçá-los para cima, para baixo ou para os lados. Os passos iniciais são os mesmos e, ao fim, você deve concentrar-se na tangente do tronco, em um ponto a dois centímetros da casca, buscando sintonizar visualmente com o corpo energético da árvore.

Na terceira variante, a posição não importa muito: você pode estar deitado, sentado ou até mesmo de pé, dependendo do nível de relaxamento que você precise para chegar à clarividência. Nesta variante, você procura olhar a parte superior de uma árvore, preferivelmente aquelas com a copa cheia, com bastante folhagem, tendo o céu azul como fundo. A ideia é ver a fronteira do energossoma da árvore, entre o verde das folhas e o azul do céu. O ideal é que o sol esteja atrás de você e da árvore, de maneira que a observação seja feita confortavelmente.

Técnica do Campo Interpalmar

Esta é uma técnica antiga, normalmente usada para sentir as bioenergias nos palmochacras, um dos chacras mais facilmente ativados, localizados nas palmas das mãos.

Durante a aplicação tradicional desta técnica, densificamos as energias entre as mãos para melhor senti-las. Sabemos que energias mais densas são mais facilmente visíveis através da clarividência, portanto, a proposta é uma variação do procedimento, com o objetivo de *ver* essa energia concentrada entre as mãos.

O ideal é ter a iluminação reduzida e escolher uma posição que não projete sombras dos braços na superfície de fundo. Você deve estar de costas para a fonte de luz do ambiente (lâmpada ou janela, por exemplo).

Os passos:

1. Comece a técnica sentado, com os olhos fechados e mãos apoiadas em seu colo. Procure relaxar por cinco minutos.

2. Trabalhe com a técnica da OLVE por outros cinco minutos, o que deverá ajudar no desbloqueio e ativação do seu energossoma.

3. Coloque as mãos em paralelo, uma em relação à outra, separadas por aproximadamente cinco centímetros, palmas voltadas uma

para a outra, tendo o antebraço um pouco acima das pernas, de modo que as mãos estejam na linha do abdômen.

4. Ainda com os olhos fechados, procure concentrar bioenergias entre as mãos, através da exteriorização pelos dois palmochacras. Procure sentir as energias fluindo pelos braços, chegando às suas mãos e pouco a pouco se concentrando e criando um minicampo de energias entre os palmochacras. Não há necessidade de imaginar ou visualizar nada, somente o comando mental e a concentração no que se pretende com as energias. À medida que a energia se intensifica, é comum sentir calor, "eletricidade", cócegas, pontadas suaves e toques nas mãos, o que indica que o comando da vontade está funcionando e mobilizando as bioenergias.

5. Após aproximadamente cinco minutos concentrando energias entre as mãos, abra os olhos e focalize a visão em um ponto imaginário entre as palmas, como se um mosquito estivesse exatamente no centro do campo energético que você criou e mantenha-se olhando para o ponto onde estaria o mosquito.

Você, provavelmente, terá de ajustar a posição da cabeça no início, olhando para baixo. Procure fazer o ajuste logo no início e não mover mais a cabeça durante a tentativa de ver as energias entre os palmochacras.

As percepções mais comuns neste exercício incluem ver uma pequena névoa entre as mãos, cores, movimentação circular ou espiral das energias, fagulhas e pequenos glóbulos de energia movendo-se entre as mãos, contorno brilhante ao redor das mãos (energossoma), distorções do fundo, dando a impressão que a bioenergia entre as mãos funcionasse igual a uma lente.

É possível também que, devido à proximidade do umbilicochacra, você veja as energias deste mesmo chacra ao invés do campo interpalmar. Isso depende de quão ativado está este chacra e da sintonia da sua clarividência.

Uma otimização deste exercício é usar duas cartolinas, tamanho A3, uma preta, outra branca, preferivelmente foscas, repousadas em seu colo. Assim, você pode começar o exercício tendo a cartolina branca como fundo e, após cinco minutos de observação, colocar a cartolina branca de lado e trabalhar com o mesmo exercício contra o fundo preto. Como sempre, procure minimizar os movimentos na troca de cartolina de fundo para manter o nível de relaxamento alcançado.

Se usar a cartolina, você pode fixar a visão num ponto imaginário, entre as mãos, e sobre a superfície da cartolina. Com a iluminação reduzida e o acabamento fosco do papel, é provável que não se consiga encontrar exatamente onde fixar a visão física, o que é um efeito desejável e que pode ajudar na clarividência.

Na falta de cartolina preta, uma cor mais escura também serve. O interessante da troca de fundo é que em geral isto permite ao experimentador observar cores e formas que talvez não tenha visto com a cor de fundo anterior.

Nos *workshops*, algumas pessoas tinham mais facilidade com o fundo branco e outras, com o fundo preto e grande parte tinha percepções diferentes com a variação da cor de fundo. O exercício serve também para descobrir *nuances* da percepção extrafísica e iniciar a percepção de cores para algumas pessoas que antes só viam variações de brilho e névoa branca.

No fundo preto, vale a pena buscar a variação de "brilho" ou textura, em especial na camada a menos de um centímetro do corpo físico. Compare a percepção que você tem desta camada contra um fundo e outro e observe as variações da combinação da clarividência com a percepção física.

Com a cartolina branca como fundo, você pode também aplicar esta técnica com as luzes acesas, em especial com a luz forte fluorescente, tipicamente encontrada em locais de trabalho. A fonte de luz mais branca combinada com a cartolina branca de fundo podem ajudar a identificar a primeira camada de energias ao redor das mãos.

Outra otimização é prestar atenção em seu frontochacra, enquanto mantém o foco da visão no ponto central do campo energético entra suas mãos. Se você pensa no frontochacra, as suas energias tendem a concentrar-se nele e ativá-lo. Por exemplo, se enquanto você lê estas palavras, você pensa no ponto entre suas sobrancelhas, quem sabe já comece a sentir sensações como uma suave pressão ou como se uma pena tocasse suavemente a área, um formigamento, borbulhamento ou sensação de inchaço, que são típicas da ativação deste chacra.

Você pode também, durante a observação do espaço entre as palmas das mãos, buscar estender as energias do frontochacra até que toquem o campo interpalmar. Muitas vezes, esta interação das energias do frontochacra com o minicampo inicia ou aumenta a clarividência.

Técnica da Câmara Escura

O princípio aqui é anular a visão física completamente, eliminando um fator externo necessário para seu funcionamento: a luz. A técnica deve ser aplicada em um ambiente totalmente escuro, onde seja fisicamente impossível a visão através dos olhos físicos, mesmo com os olhos abertos e o "querer ver".

A combinação do "querer ver" com a "visão impossibilitada" é a chave para esta técnica e, por esta razão, o ambiente deve estar totalmente escuro. Qualquer fonte de luz, ainda que muito pouco brilhante, vai fazer com que você veja contornos e objetos e, consequentemente, acabe fixando a visão na dimensão física.

Outro aspecto que temos que controlar durante o experimento é o movimento dos olhos e da cabeça, pois isso pode gerar uma variação de pressão no globo ocular, que, por sua vez, produz sensações visuais de padrões, manchas e formas, um fenômeno conhecido como *fosfenos* [Vieira, 15, p 502]. Este aspecto é relativamente fácil de controlar: basta não mover a cabeça ou os olhos, ao menos durante as observações.

Assim, você vai precisar de um quarto ou cômodo totalmente escuro, sem nenhuma fonte de luz visível. Não basta somente apagar a luz e fechar a cortina, pois qualquer luz, mesmo vindo de um *led* de um aparelho eletrônico, de uma luz na rua distante, ou por debaixo da porta já interferem no processo.

Em geral, o mais fácil é fazer esta técnica à noite, eliminando assim uma fonte de luz muito potente e difícil de isolar – o sol. Um cômodo com janela pequena também ajuda, pois é mais fácil cobrir a janela com papel alumínio, por exemplo, para que nenhuma luz entre por ela. Cobrir a janela com papel, cartolina ou até mesmo com alguns tipos de blecaute não é suficiente, pois esses materiais, em geral, deixam alguma luz passar, e só percebemos isso depois de vinte minutos ou mais, quando os olhos se ajustam à escuridão.

Muita luz pode entrar também por debaixo da porta ou por frestas laterais. Por isso, talvez seja necessário um cobertor grosso e escuro (opaco) pendurado por fora da porta.

A maneira de saber se você teve sucesso em criar um ambiente totalmente escuro é verificando se, após vinte minutos, você não vê contornos de nenhum móvel ou objeto no ambiente. Se você consegue distinguir qualquer forma, linha ou posição de algum objeto é porque ainda há luz vindo de alguma fonte.

O tempo de ajuste é necessário pois a visão, em condições de iluminação reduzida, depende de um processo químico mais lento, que demora dezenas de minutos para se reconstituir após a exposição a uma luz mais forte. Queremos, portanto, esperar que os olhos se adaptem ao escuro completo, de maneira que não se tenha dúvida entre a percepção física e extrafísica.

Para evitar andar "às cegas" no quarto totalmente escuro e correr o risco de tropeçar ou esbarrar em algum móvel, recomendo que o experimentador tenha no bolso uma minilanterna, normalmente usada como chaveiro. Assim, se precisar interromper o experimento ou ao final das observações, você terá acesso a uma fonte de luz sem necessidade de sair da cadeira.

A técnica começa, portanto, após um mínimo de vinte minutos de permanência no ambiente totalmente escuro. Você deve estar sentado em uma cadeira e durante esse tempo permanecer de olhos fechados, trabalhando com energia.

Depois de abrir os olhos, confira se realmente não pode ver nada, com a cabeça imóvel. Em seguida, movimente a cabeça para os lados para ver se percebe variações na percepção visual, associadas à variação de pressão no globo ocular. Depois, com a cabeça alinhada e voltada para frente, mova somente os olhos para a direita e para a esquerda, também buscando identificar variações na percepção visual física e, com isso, ter uma referência do que *não é* clarividência.

Após o tempo de ajuste inicial, sempre com a cabeça imóvel e os olhos abertos, você poderá dar início aos experimentos a seguir.

Experimento: chacra palmar

Leve a mão direita a dez centímetros do rosto, palma voltada para o olho direito, veja se percebe a interação energética entre a mão e seu corpo energético. Você pode tentar uma suave exteriorização pelo chacra palmar e ver se percebe visualmente as bioenergias. Mover as mãos também pode gerar percepções interessantes, porém neste caso o difícil é mover somente a mão e o braço, sem mover o resto do corpo e, em especial a cabeça, o que poderia, como foi explicado, gerar percepções visuais de origem física.

Experimento: energossoma de um braço

Apoie seu braço em um móvel ou superfície ao seu lado de modo que fique posicionado na parte central de seu campo visual. A ideia é que a posição permita olhar diretamente para o braço de maneira confortável. Com o braço no colo, por exemplo, seria necessário voltar demais a cabeça para baixo, provavelmente criando uma posição desconfortável.

Olhe em direção à posição de seu braço e examine com calma essa região durante cinco minutos. Naturalmente, a essa altura não será possível ver fisicamente o seu braço devido à ausência de luz. A intenção desse procedimento é identificar diferenças de brilho, cor, ou textura na área onde você sabe que está o seu braço, comparado com as áreas ao redor.

Experimento: exteriorizar pelo frontochacra

Com a cabeça alinhada com a coluna, olhando para frente, olhos abertos, comece a exteriorizar energias através do frontochacra.

Acumule energias neste chacra e exteriorize em um jato para frente, lançando as energias para fora da cabeça a uma distância de, ao menos, meio metro.

Procure intensificar a exteriorização, mas mantendo um bom relaxamento do corpo físico e a cabeça imóvel. À medida que exterioriza, procure observar, através da clarividência, a interação de sua energia com a sua aura e energias ao redor. São comuns os relatos de percepção de cores e movimentos sincronizados com os pulsos de energia, lançados a partir do frontochacra.

Experimento: observar o energossoma de uma planta

Se for possível colocar uma planta dentro do cômodo que você preparou para o experimento, você pode tentar ver o energossoma dessa planta como um dos experimentos desta técnica.

De maneira geral, quanto maior e mais viçosa a planta, mais fácil de ver o energossoma. Algumas pessoas relataram que regar a planta antes do experimento torna as energias mais visíveis. Outras identificaram mais facilmente a aura de plantas que ficavam normalmente fora da casa, ainda que em um vaso, comparado com aquelas que viviam dentro de casa.

Experimento: ver a aura de um assistente

Neste caso, você precisa de um assistente com muito boa vontade, quem sabe, alguém mais próximo e também interessado no desenvolvimento da clarividência.

A ideia é que, após o período de adaptação da visão física, se aproveite para tentar ver a aura do assistente. Pode-se também pedir que o assistente exteriorize energias, quando se poderá observar os efeitos na dimener. O assistente pode também decidir aleatoriamente se vai exteriorizar ou não, e você, através das observações dos movimentos na dimener, identifica se houve ou não exteriorização. Ao final de três tentativas, por exemplo, você pode conferir as suas conclusões e percepções com as ações do assistente, de maneira que possa, progressivamente, treinar a identificação e comprovação pessoal destes fenômenos.

Lembre-se que não mover a cabeça ou os olhos é importante. Se você prestar atenção, vai ver que, depois que os seus olhos estejam adaptados ao escuro, mover a cabeça gera variações de brilho no campo visual, as quais podem ser confundidas com percepção de bioenergias.

Técnica da Semiesfera

Muitos experimentos de percepção extrafísica utilizam duas semiesferas brancas colocadas sobre os olhos, com a face côncava voltada para dentro para isolar o sentido da percepção visual.

Isso pode ser feito com uma bola de ping-pong partida ao meio ou com óculos de natação pintados por dentro com líquido corretor branco.

Com semiesferas cobrindo os olhos tão de perto fica impossível, na prática, fechar o foco em uma superfície próxima. Além disso, dada a rugosidade da superfície que cobre os olhos, a luz observada é bastante difusa. Assim, em pouco tempo, você tem a sensação de estar olhando para um ambiente com uma névoa bastante densa, que se estende indefinidamente.

A sensação de estar olhando para algo "sem fundo", infinito, é fundamental nessa técnica, pois, de certa maneira, reproduz a condição da técnica da câmara escura no sentido de que você não pode, fisicamente, fechar o foco em algum objeto, ou seja, está impossibilitado de ver, mas tem os olhos abertos e está buscando "enxergar". Esta combinação é o que ajuda o experimentador a encontrar a "chave" da clarividência.

Pessoalmente, prefiro a técnica da câmara escura, porque naquele caso, você sabe que não há uma barreira impedindo a visão (as semiesferas), algo que talvez interfira na percepção devido a paradigmas pessoais que o condicionariam a não ver, justamente porque os olhos estão cobertos. Já na técnica da câmara escura, como estamos acostumados a ver na penumbra, ao menos contornos, o condicionamento é o oposto: tendemos a pensar que sempre haverá alguma percepção, pois raramente estamos em um ambiente sem luz nenhuma.

Claro que a presente técnica é mais fácil de implementar se comparada com a da câmara escura: basta uma bola de ping-pong partida ao meio, por isso, vale a pena o experimento.

Esta técnica pode ser feita em uma cadeira, mas o ideal é deitado ou, ao menos, reclinado, para permitir um relaxamento mais profundo.

Após quinze minutos iniciais de relaxamento e trabalho com bioenergias, abra os olhos e exteriorize através do frontochacra. O que se espera é variação nas cores percebidas e formas à sua frente, o que indicaria clarividência, já que fisicamente só se pode perceber o branco difuso.

O experimento do chacra palmar descrito na técnica da câmara escura também pode ser aplicado neste caso.

Técnica da Clarividência Facial

Aprendi esta técnica nas aulas do IIPC – Instituto Internacional de Projeciologia e Conscienciologia – em Curitiba, no Brasil, tendo praticado inúmeras vezes na condição de aluno e, na sequência, na condição professor do IIPC e da IAC *(International Academy of Consciousness)*, colecionando resultados bastante interessantes. Esta técnica é também utilizada em laboratórios como o *"Acoplamentarium"*, do CEAEC (Centro de Altos Estudos da Conscienciologia), em Foz do Iguaçu, Brasil, e com certas variações, em alguns outros cursos de campo como, por exemplo, o Práxis Multidimensional, no Campus da IAC, em Evoramonte, Portugal.

A técnica consiste em observar o rosto de uma pessoa posicionada à frente (consciência intrafísica), a uma distância entre dois e dez metros, em um ambiente com iluminação reduzida e preferencialmente indireta, que venha de trás do observador.

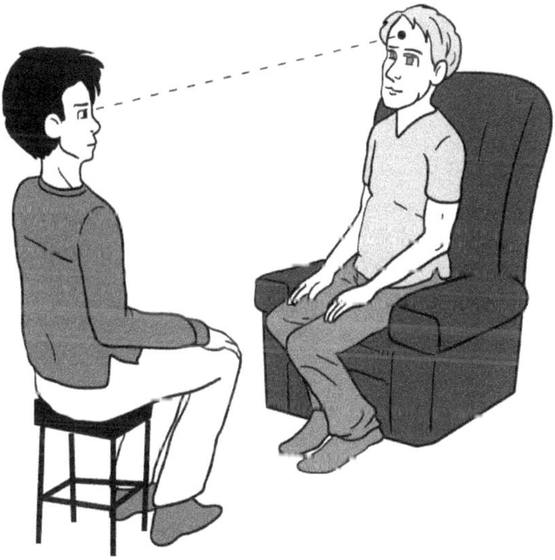

Figura 21: Clarividência facial

Esta técnica se faz com os participantes sentados. A parte da clarividência facial, em geral, dura entre dez e vinte minutos e é feita com os olhos abertos.

Para esse exercício, procure um experimentdor com o qual tenha afinidade e confiança, que tenha um perfil mais objetivo, menos místico e não conectado com aspectos menos cosmoéticos ou assédios maiores (ver capítulo "Fatores Otimizadores da Clarividência", tópico "Discernimento e Desassimilação".

Verifique, antes de iniciar o exercício, se pode ver o rosto do outro participante, antes de iniciar a técnica. Se necessário, ajuste a posição da cadeira para que possa vê-lo, com um mínimo de obstruções e, de preferência, diretamente à sua frente.

Procure minimizar o estímulo visual, especialmente ao redor da pessoa observada, eliminando o que possa chamar a atenção: objetos coloridos, em movimento e letreiros. O fundo e o entorno devem ser visualmente desinteressantes.

Os passos estão a seguir:

1. Inicie a técnica de olhos fechados, sentado com a coluna ereta. Trabalhe com energias durante dez a quinze minutos, aplicando as técnicas de mobilização fechada, buscando chegar ao estado vibracional. Em seguida, trabalhe com uma exteriorização de energias para ajudar a densificar o campo no ambiente.

2. Abra os olhos e tenha o ponto central e foco de sua visão física na ponta do nariz do outro participante. O importante é olhar para esse ponto e manter a visão nele, sem movimentação da cabeça ou dos olhos. Você pode escolher outro ponto do rosto, como o topo da testa, ponta da orelha, ou um ponto a três centímetros antes da ponta do nariz da pessoa observada. Mas, uma vez escolhido o ponto, não mude no decorrer do exercício, pois a clarividência facial exige persistência. O topo da testa pode ajudar a tirar o rosto da visão mais central e com isso facilitar a clarividência para alguns.

3. Mantenha a tranquilidade e serenidade enquanto observa. O principal impedimento neste exercício pode ser a ansiedade. A observação com os olhos abertos deve durar entre dez e vinte minutos.

4. Procure uma postura aberta em termos de energia. O ideal é permitir ou promover um acoplamento áurico durante o exercício.

5. Observe tanto as mudanças no rosto quanto das energias do outro participante e as energias ao redor. Procure também perceber a presença de consciências extrafísicas no ambiente durante o experimento.

6. Ao final, feche os olhos e trabalhe com a técnica da OLVE, buscando instalar o estado vibracional. Aproveite o nível de relaxamento para perceber melhor as energias. Este passo tem como objetivo principal o desacoplamento energético que, normalmente, ocorre com o(s) outro(s) participantes do exercício, para concluir o exercício aumentando a homeostase energética.

O alvo central desta técnica é observar a dimensão extrafísica de maneira indireta, vendo, por exemplo, o rosto de uma consciência *extrafísica* sobreposto ao rosto da consciência *intrafísica* observada.

É comum, durante o início da clarividência, quando a visão física começa a se misturar com a extrafísica, a percepção de alteração, na altura e largura do ambiente físico, e variações de iluminação.

Os relatos a seguir são típicos desta técnica.

Relato 1, percepção da dimener:

> *...quando abri os olhos, tive a sensação de que estava dentro de uma nuvem, via tudo branco... Havia uma espécie de névoa na sala que, em alguns momentos, era bastante densa ao ponto que você [o professor] desaparecia completamente...*

Relato 2:

> *... O seu rosto primeiro ficou completamente negro, como se a cabeça estivesse coberta por um capuz de um desses abrigos esportivos. Em um dado momento, vi um rosto emergir dessa área escura; era um rosto diferente do seu, de uma chinesa jovem, na faixa de uns vinte anos de idade talvez, pele delicada, mas olhar "duro"... Era bem séria a moça...*

Relato 3:

Primeiro, vi como se tudo à volta tivesse um tipo de eletricidade, parecia que todos os móveis, as pessoas, tivessem um tipo de "brilho vibrante" muito interessante. Em seguida, comecei a ver tudo como se fosse em negativo de foto, a sua camisa branca ficou negra e a sua calça parecia um branco prateado. Em seguida, vi um homem de barba, mas com os ombros bem mais largos e mais alto, agora [depois do exercício] que vejo a diferença. Era como se fosse um estivador, ou um marinheiro, algo deste tipo, bem forte, a aparência ou a energia passavam esta ideia. Vi também o [seu] frontochacra, como se fosse um disco mais atrás da cabeça e umas ondas de energia a mais ou menos um metro à sua esquerda.

Relato 4:

Vi vários rostos, uns cinco mais ou menos, todos com pele negra. A maioria era homem, talvez uma mulher, ou um rosto mais feminino. A maior parte deles estava com expressão neutra, um, em particular, tinha uma expressão mais triste. Agora, vi todos com muito detalhe, cheguei a ponto de mover a cabeça e piscar os olhos e o rosto continuava lá, realmente impressionante...

Relato 5:

... O rosto que vi, com mais clareza, com muito cabelo, bem preto, pele mais escura, como se fosse uma índia.

P: Índia norteamericana?

Não, a cara e as roupas eram mais para habitante mexicana, pré-hispânica. Cabelos longos, escorridos.

P: Você sentiu algo do padrão de energias dela?

Sim, era um padrão bem tranquilo. Ela estava olhando diretamente para mim, como se você tivesse o rosto voltado para mim [em um ângulo de 30 graus]. Ela passava uma energia bem forte. Acho que já tinha visto esta consciência extrafísica em uma projeção.

A qualidade e a percepção da energia da consciência extrafísica, expressão do rosto, podem variar bastante dependendo das presenças extrafísicas no ambiente, no momento do exercício.

Os tipos, idades, procedência, etnia, época da história representada também variam enormemente. Por esses motivos, vale a pena estudar e conhecer sobre esses aspectos para melhorar a percepção e o *rapport* com as consciexes.

Detalhes como características do rosto, corte de cabelo, vestimentas, acessórios e adereços podem ajudar a extrair mais informação sobre a consciex que se apresenta e aumentar a possibilidade de aproveitamento pessoal da experiência.

Este exercício funciona bem porque a parte do energossoma próxima da pele é mais densa, portanto mais facilmente acessível à clarividência.

De maneira simplificada e em geral, pode-se dizer que o rosto que se vê sobreposto ao do participante observado é de uma consciência extrafísica presente no ambiente e conectada energeticamente à pessoa observada. Assim, a consciência *extrafísica* utiliza e molda as energias próximas ao rosto da consciência intrafísica, tornando-se visível para o observador.

Há também casos – menos frequentes – onde os rostos observados na clarividência facial são de vidas passadas do observador ou da pessoa observada.

Ainda que seja possível a observação do rosto de uma vida passada sua ou da pessoa posicionada a sua frente, o que tenho observado neste tipo de exercício é que em mais de 95% das vezes, o rosto é de consciências extrafísicas que estão ao redor do experimento.

E como saber se o que estamos observando é de uma vida passada ou de uma consciência extrafísica? Wagner Alegretti, em seu livro "Retrocognições: lembranças de vivências passadas", sugere que quando acessamos informações de uma vida passada, o evento normalmente traz uma carga energética bastante grande, ou seja, além do acesso às informações, acessamos também energias com o padrão exato daquela vida anterior. Ao reconhecer clara e diretamente esse padrão de energias com assinatura super específica, a experiência torna-se bastante intensa, muito diferente de um sonho, imaginação descompromissada ou especulação do participante.

Alegretti também sugere a fórmula: 10 retrocognições sadias = 1 certeza, ou seja, é necessário um conjunto de experiências similares, complementares e coerentes para o chancelamento da possibilidade de ser uma determinada vida no passado [Alegretti, 1; página 127].

Há outras possibilidades de resultado deste exercício, com ocorrência mais rara, que incluem a visão de paisagens de locais próximos ou bastante remota, como de cidades em outros continentes [Vieira, 15; página 503].

Uma consciência extrafísica poderia também simplesmente moldar um rosto – qualquer rosto – como forma pensamento usando a energia mais densa à frente do rosto da pessoa observada, algo que mais raramente acontece nestes exercícios. Para identificar se esse é o caso, basta avaliar se é possível estabelecer um acoplamento com o "dono" daquele rosto, através das energias. Se for uma forma pensamento, não há *rapport* direto com o rosto em si; é como a estátua de um museu de cera *versus* uma pessoa viva.

Troca rápida de rostos

Um aspecto interessante, muitas vezes observado nesta técnica, é a troca rápida dos rostos, conforme o relato a seguir:

> *Vi uma série de rostos, que apareciam muito rapidamente [no rosto do professor], como se fossem slides que permaneciam muito pouco tempo cada um. Os rostos eram de homens, mulheres, jovens, velhos... Muito interessante...*
>
> *P: Algum rosto em particular se fixou? Algum que te chamou atenção?*
>
> *Não. Eram muitos rostos, e trocavam muito rápido. Nenhum permaneceu por muito tempo. Esta troca durou uns três, talvez cinco minutos... depois vi a névoa, o seu rosto com uma luz branca, depois apareceu um outro rosto, este sim, pude ver com clareza e detalhes [...]*

Relatos como este são comuns e o fenômeno às vezes causa surpresa para aqueles que o experimentam pela primeira vez. Em um exercício típico, isto ocorre com, ao menos, dez por cento dos participantes. A frequência de troca de rostos é normalmente de um rosto por segundo até vários rostos por segundo. A troca é por vezes tão rápida que o observador não consegue distinguir muitos detalhes de cada rosto que passa.

A explicação para esta troca rápida está no que definimos como "sintonia da clarividência". Em um ambiente cheio de consciências extrafísicas, o exercício parece propiciar condições para uma rápida troca de "canais", apresentando uma passagem por vários dos canais disponíveis, cada qual associado a uma consciência extrafísica no entorno.

Iluminação reduzida e sugestionabilidade

Uma pergunta frequente neste exercício em particular é: os rostos que se veem neste exercício não poderiam ser fruto da imaginação, amplificada pela condição de iluminação reduzida?

Trechos de relatos como os que estão a seguir é o que normalmente convidam a esta pergunta:

> *...vi você mesmo, mas de barba...*
> *... vi o rosto da professora, porém dez anos mais velha...*
> *... vi o rosto dele mesmo, porém mais jovem...*

Ainda que observações como essas possam ser derivadas de fontes *extra*físicas, relatos como os que estão acima normalmente têm como fonte a própria interpretação da percepção *intra*física, limitada devido às condições de iluminação reduzida.

Para resolver este dilema e a dúvida, o jeito é melhorar a clarividência, repetir o exercício e buscar ir mais longe e mais fundo na percepção extrafísica. A meta é ver, com total clareza, o rosto extrafísico e chegar ao ponto onde o mesmo se "fixa", permitindo até que você mova um pouco a cabeça ou pisque os olhos sem interromper a clarividência facial.

O ideal também é aquele experimento onde se vê um rosto totalmente diferente do rosto da pessoa física observada. Por exemplo: a pessoa intrafísica observada com traços bem masculinos e cabelos loiros, enquanto o rosto extrafísico observado é de uma mulher chinesa, de traços bem femininos e delicados, com cabelos bem negros. Neste caso, fica mais fácil de afirmar que a observação foi extrafísica e não derivada de simples associação de ideias, servindo assim como valiosa adição à coleção de experiências pessoais com a multidimensionalidade.

Efeitos da exteriorização de energias

Para a técnica de clarividência facial, a recomendação é que se exteriorize, antes do início, para densificar o campo de energias e facilitar as observações extrafísicas.

A experiência de campo mostra que exteriorizar durante a tentativa de observação de rostos extrafísicos, muitas vezes, interfere com este exercício em particular, fazendo com que os rostos desapareçam temporariamente ou que se alternem mais rapidamente ou muito rapidamente.

Espelho e impressionabilidade

O espelho é algo relativamente simples do ponto de vista da física: uma superfície que reflete raios luminosos, possibilitando a visão de algo que não está diretamente à nossa frente. Assim, estando diante de um espelho, algo que na verdade está atrás de você ou ao seu lado dependendo da posição do espelho, parece estar à sua frente.

Racionalmente, o espelho não é positivo nem negativo, bom ou mau. Simplesmente reflete imagens. A experimentação pessoal e inúmeros relatos mostram que o espelho também reflete "imagens" da dimensão energética e da dimensão extrafísica. Ainda que existam algumas hipóteses propostas para explicar porque isso acontece, os mecanismos exatos que tornam possível a reflexão de imagens extrafísicas não são completamente conhecidos no momento.

E para a pergunta: podem-se fazer exercícios de clarividência com o espelho? A resposta curta é: depende.

Ao analisar as referências ao espelho nos últimos cinco séculos, do ponto de vista cultural, serão encontradas várias conotações místicas e mágicas. Quebrar um espelho traz sete anos de azar; espelhos não refletem a imagem de vampiros; a rainha do conto de fadas "Branca de Neve" conversava com algum tipo de entidade que residia no espelho (espelho, espelho meu...); e assim por diante.

Vários filmes, produzidos nas décadas mais recentes, mostram situações onde alguém vê fantasmas, espíritos, fadas e demônios refletidos em um espelho e a maioria desses filmes se encaixa no gênero de horror ou suspense. Assim, o espelho acaba associado, simbolicamente, à cultura popular do "além" ou à dimensão extrafísica, mas de maneira negativa.

Devido à exploração comercial dos filmes de horror e suspense, muito lucrativa entre adolescentes, este símbolo traz uma carga negativa para muitas pessoas, em especial quando na penumbra ou no escuro. A conotação de mistério e negatividade pode ser consciente ou inconsciente e, em geral, provoca certo receio ou medo no experimentador.

Dado esse contexto, não recomendo ao público em geral, que a técnica da clarividência facial seja feita com o espelho, a não ser que o experimentador tenha autoconfiança suficiente para cancelar a influência cultural.

A analogia a seguir explica a lógica desta recomendação: não considero inteligente assistir a uma cirurgia de peito aberto "só por curiosidade". Ver o coração batendo, o cirurgião cortando a pele ou serrando as costelas e o sangue, pode impressionar e até traumatizar uma pessoa que não esteja preparada. Um jovem que estivesse planejando entrar na escola de medicina, quem sabe, até desistiria de tal carreira se tivesse essa experiência num momento inadequado e sem preparação.

Por outro lado, se a pessoa já tivesse estudado algo de anatomia, cultivasse uma curiosidade sadia pelo assunto e desenvolvesse certo desassombro em relação aos aspectos naturais de nosso corpo físico, a experiência de assistir à cirurgia poderia ser muito enriquecedora.

A clarividência facial usando um espelho pode ser comparada a este contexto. Não há nada de antinatural ou extremamente feio que possa ser visto. Mas as pessoas podem se impressionar e quem sabe desanimar em relação ao desenvolvimento do parapsiquismo. Por isso, a recomendação geral de fazer a clarividência com outra pessoa e não no espelho, pois assim elimina--se o simbolismo de mistério da equação, facilitando a criação de uma atmosfera favorável em termos de energia.

Em contraste, o experimentador prepara o ambiente através de uma exteriorização de energias, criando um ambiente positivo e utiliza a técnica da OLVE buscando o estado vibracional, antes e depois do exercício, sempre mantendo a confiança e a serenidade, o exercício no espelho será bastante interessante e produtivo.

Para sair do dilema, podemos seguir o seguinte critério: se você não se sente 100% confiante e confortável em um quarto escuro, com os olhos abertos, estando sozinho em casa, durante vinte minutos, você precisa desenvolver a autoconfiança, antes de tentar exercícios com o espelho.

Há uma quantidade enorme de casos de experiências positivas de clarividência facial, a maioria absoluta, tanto com o espelho quanto com outro participante. Por exemplo, é comum ver consciências que transmitem segurança e serenidade e, no mesmo momento, a intuição informe que essa entidade está lá para ajudar. Há também inúmeros casos de percepções visuais das energias de beleza e características quase indescritíveis, com cores, formas e texturas extremamente interessantes.

Sabemos que o padrão dos nossos pensamentos e sentimentos evoca (ou *chamam* através da energia) consciências com padrão similar. Se o padrão for algo no sentido de "estou aqui para aprender e ajudar no que for possível, buscando um nível maior de lucidez e cosmoética" atrairemos logicamente consciências nesse padrão. O holopensene tranquilo, assistencial e de curiosidade saudável está associado a experiências de clarividência positivas e enriquecedoras, seja com outra pessoa ou no espelho.

Sintonia posicional

Pergunta interessante: como podemos ver a nossa própria aura no espelho, sendo que estamos "dentro" desta aura?

Se Josie pode observar sua própria aura no espelho, mas como se fosse "de fora para dentro", concluímos que a sintonia da clarividência ajusta-se "na" bioenergia da aura. Esta sintonia também tem uma posição no espaço, pois qualquer informação visual extrafísica tem que passar por sua própria aura, neste caso, entre Josie e o espelho. De maneira análoga, só é possível observar a lua na medida em que os raios luminosos passam *através* da atmosfera.

Ou seja, Josie pode sintonizar a visão extrafísica em suas próprias energias, mas manter o foco posicional da clarividência na parte mais tangente de sua aura por exemplo.

O *input* visual extrafísico permite que ela veja "através" da própria aura, situada entre ela e o espelho, para focar na região periférica de sua própria aura refletida no espelho.

A lógica, no caso, é a mesma da observação de um terceiro, já que normalmente podemos ver o rosto dessa pessoa, ao mesmo tempo em que vemos a aura, ainda que estejamos vendo o rosto físico dele(a) através de sua aura.

Mesmo que a parte mais externa da aura tivesse outra frequência, pela lógica, isso implicaria a possibilidade de ver esta camada de dentro para fora. A não ser que a clarividência também tenha sentido e ajuste de direção, o que é o caso na ótica.

Na dimensão física, há casos onde é possível filtrar a luz, mas somente em uma direção. Por exemplo, da janela do meu apartamento vejo um prédio vizinho revestido com vidro espelhado. Aquele vidro reflete a imagem do prédio onde estou.

A janela do meu apartamento, sendo revestida com película de privacidade, não permite, aos que estão do lado de fora, durante o dia, ver o interior do apartamento. Assim, eu, dentro do apartamento, vejo o reflexo da parte *externa* da minha janela no vidro do prédio vizinho. O interessante é que vejo a parte externa da janela, *através* do vidro dela, tal qual veria a parte *externa*, de fora para dentro da minha aura refletida no espelho.

Outra hipótese, usando o *modelo de percepção visual multidimensional* é que podemos seletivamente controlar as áreas da tela extrafísica e intrafísica que queremos ver. Assim, poderíamos explicar o cenário onde vemos o rosto intrafísico e a aura extrafísica do sujeito observado, porque na região do rosto, a predominância está na tela intrafísica, enquanto nas áreas onde se vê a aura, a predominância está em processar o "sinal" extrafísico.

O interessante é observar tais características na prática, e uma das técnicas que favorece a exploração destes aspectos é justamente a da clarividência facial.

Técnica da Concentração

Vieira apresenta esta técnica como procedimento para produzir experiências fora do corpo [Vieira, 15; página 434]. A razão pela qual descrevo parte desta técnica nesta seção é em função da experiência pessoal. Todas as vezes que apliquei a técnica da concentração para sair do corpo, tive várias percepções de clarividência, variando desde simplesmente ver a dimensão energética até instâncias onde pude ver consciências extrafísicas no ambiente.

O exercício consiste em olhar para a chama de uma pequena vela colocada sobre um prato largo, a cerca de três metros de distância. Você deve estar sentado em uma poltrona ou sofá confortável, com a cabeça preferivelmente apoiada para permitir um relaxamento maior dos músculos do ombro e pescoço, enquanto olha diretamente para a chama.

Como medida de segurança, você deverá usar uma vela curta, de três ou quatro centímetros, e usar a própria parafina derretida da vela para fixá-la em um prato grande, de uns vinte e cinco centímetros de diâmetro, de modo que, se a vela cair, a chama fica contida dentro do prato.

É importante observar também se não há a possibilidade de algo (uma cortina ou peça de roupa, por exemplo) cair sobre a chama e causar um incêndio. Para minimizar o risco, você pode colocar a vela dentro de um copo alto ou jarra de vidro transparente, com a abertura para ventilação voltada para cima. Para reduzir o risco de incêndio a zero, existem simuladores de chama de vela, com uma lâmpada que pisca e varia a luminosidade de maneira parecida com a chama, algo que você poderia encontrar em lojas de artigos para festas.

O tipo da vela pode fazer diferença. O ideal é uma vela sólida, sem furos paralelos ao pavio. A parafina derretida deve escorrer de maneira aleatória, dando mais movimento para a chama. O diâmetro da vela deve ser menor que três centímetros, pois as velas mais grossas tendem a gerar uma chama curta e que não se move muito. Uma vela de aniversário, das mais finas, pode servir, desde que dure o tempo suficiente para a técnica.

O pavio da vela também deve ser observado, pois a combinação deste com a parafina é o que dá uma chama de uma altura um pouco maior e mais dinâmica. Um pavio muito fino ou com poucas fibras, em geral, produz uma chama muito fraca. A ideia é ter uma chama forte e dinâmica, que facilite a concentração do observador.

O quarto deve estar iluminado somente pela vela, sendo o ideal aplicar esta técnica à noite.

Os passos:

1. Comece o exercício com uma breve mobilização fechada das energias, que dure cerca de dez minutos.

2. Abra os olhos e focalize diretamente na chama da vela, buscando concentrar a sua atenção exclusivamente na chama e em seus movimentos. A técnica projetiva baseada neste princípio é um pouco mais elaborada, a partir deste ponto, mas para efeitos de clarividência, basta fixar o olhar na vela e buscar esquecer o mundo ao redor.

3. Mantenha os olhos abertos, minimize os movimentos do soma e silencie os pensamentos. Concentre-se exclusivamente na chama e prossiga desta maneira, durante um mínimo de vinte minutos. As percepções descritas na seção "Começo da Percepção Extrafísica", capítulo "Características da Clarividência", são muito comuns nesta técnica.

4. Ao final, feche os olhos e trabalhe mais uma vez com a técnica da OLVE, buscando chegar ao estado vibracional nesta condição maior de relaxamento.

Há vários aspectos facilitadores da clarividência neste procedimento. A condição de iluminação reduzida ajuda devido à diminuição do estímulo intrafísico, facilitando a identificação da percepção de clarividência.

Além disso, há a questão de ter algo brilhante na parte central de sua visão, em forte contraste com a penumbra do resto do ambiente, o que, de certa maneira, anula a visão central e favorece a percepção periférica, que, por sua vez, contribui para o início da clarividência.

Outro fato é que o movimento e brilho variável da chama têm algo de especial que prende a atenção, conduzindo o experimentador com mais facilidade a um nível de relaxamento profundo, com uma boa lucidez, ou seja, a um estado otimizado para experiências visuais extrafísicas.

Técnica da Persistência da Imagem

O princípio desta técnica é usar uma característica dos olhos físicos para chegar à clarividência.

Uma das características da visão física é o tempo de resposta relativamente lento, ou seja, o tempo relativamente longo entre a mudança de posição de um objeto que observamos e a captação desta mudança pela retina.

Essa lentidão relativa de resposta é o que faz com que as pás de um ventilador ligado se pareçam um disco, ainda que meio borrado ou que a imagem no cinema pareça contínua, apesar de, na verdade, ser uma série de fotografias estáticas atualizadas rapidamente.

Sentado em uma cadeira, coloque uma cartolina branca de tamanho A3 (29,7 x 42cm) ou maior em seu colo.

A parte inicial de relaxamento e exercícios de energia (quinze minutos) também se aplica a esta técnica e deve ser feita com os olhos fechados e luzes acesas.

O ideal para esta técnica é uma luz bem branca, preferivelmente fluorescente, para realçar o contraste entre a cor da pele e a cartolina de fundo.

Prossiga com os seguintes passos:

1. Posicione as mãos fechadas a sua frente, um pouco acima do colo, com somente os indicadores estendidos e apontando um para o outro, conforme a figura abaixo.

Figura 22: Técnica da persistência da imagem

2. Afaste e aproxime as pontas dos indicadores em uma linha horizontal, reta, procurando manter o movimento dos dedos sobre esta linha imaginária, repetindo um ciclo de afastamento e aproximação a cada segundo.

3. Repita o ciclo quinze vezes, olhando fixamente ao ponto central, entre os indicadores, sem mover a cabeça ou os olhos. Após alguns ciclos, você perceberá um rastro de brilho tênue no espaço determinado pelo eixo de movimento dos indicadores. Fixe a sua visão neste rastro durante a técnica.

4. Depois dos quinze ciclos, aproxime os indicadores até quase tocar um no outro e afaste-os, desta vez, bem lentamente, de modo que leve cerca de dez segundos para afastá-los dez centímetros, por exemplo.

A lógica da técnica é que você fixe a sua visão em algo que é produto da característica da visão física e a partir disso dispare a visão extrafísica.

De início, com o movimento rápido dos dedos, a persistência da imagem gera o rastro brilhante no caminho dos indicadores. Após os quinze ciclos, entretanto, você estará movendo os dedos bem lentamente, dando tempo suficiente para que os olhos se ajustem e, ao mesmo tempo, eliminando o efeito físico. Assim, o que você observar, além da imagem das mãos durante o movimento lento já não pode ser devido à persistência da imagem.

O interessante é que mais da metade dos participantes dos *workshops*, onde se aplicou este exercício, relataram ter percebido o seu próprio corpo energético ao redor dos dedos e mãos. Com frequência viam também a conexão energética entre os indicadores, no mesmo lugar onde aparecia o rastro durante o movimento rápido, porém com espessura e brilho bastante diferentes. Vários relataram também que a conexão energética se esticava, à medida que as mãos se afastavam, até desconectar, como se fosse algo elástico ou chiclete. Alguns relataram também fagulhas e pontos brancos, azuis e amarelos ao redor das mãos, entre outras percepções.

Técnica da Mudança na Iluminação

Esta técnica segue, até certo ponto, o princípio da técnica anterior, mas requer a participação de um assistente.

Você e o assistente devem estar sentados a três metros um do outro, face a face, e seu assistente diante de um fundo uniforme (e não uma estante de livros ou parede com diversos quadros). O fundo deve ser preferivelmente de cor clara.

O ambiente onde se faz o exercício deve ter duas fontes de luz: uma direta e forte, outra indireta e fraca. A condição ideal seria luzes fluorescentes no teto e atrás de você, em uma posição que não provoque sombras do assistente sobre a parede, uma lâmpada que se fixa diretamente na tomada, utilizada para iluminar corredores e quartos de criança, normalmente de cinco watts ou menos.

Os passos:

1. Com as duas fontes de luz acesas e olhos fechados, procure durante dez minutos relaxar e trabalhar com suas bioenergias.

2. Abra os olhos e fixe o olhar no topo da testa ou no ombro do assistente. É bem importante não mover a cabeça ou o os olhos nesta técnica. Mantenha o olhar fixo no ponto escolhido e o seu assistente deverá contar um minuto, sem se mover.

3. O assistente apaga a luz forte e direta, deixando somente a luz de cinco wattz indireta iluminando o ambiente. O assistente deve mover-se o mínimo possível para apagar a luz, ou seja, o interruptor da luz forte deve estar muito próximo, de maneira que um breve movimento do braço e mão possa realizar a mudança.

4. Devido à mudança brusca da condição de iluminação, você não vai ver nada nos primeiros dois ou três segundos, mas em seguida verá um contorno brilhante ao redor do assistente, o que é simplesmente um efeito da visão física. Posicione o ponto focal de sua visão neste contorno brilhante e mantenha a sua atenção aí. Quando os olhos físicos se ajustarem à nova condição de iluminação, o contorno de origem física, visto inicialmente, desaparece. A partir desse momento, você poderá perceber o energossoma do assistente.

Sabe-se que o efeito físico tem duração aproximada de trinta segundos, o contorno que se vê após este tempo não é físico, é clarividência. Este exercício serve também para comparar o efeito físico e a clarividência, se observamos as diferenças em textura e "vida" do contorno ao redor do assistente.

Esta técnica pode ser eficaz para aqueles que nunca viram nada em termos de clarividência, auxiliando no acúmulo de evidência pessoal de fenômenos parapsíquicos, em especial para aqueles que conhecem em detalhe a fisiologia da percepção visual.

CAPÍTULO 9

Clarividência e Outros Fenômenos

O propósito deste capítulo é comparar a clarividência com alguns fenômenos parapsíquicos, em especial aqueles que têm como característica a percepção de imagens. O objetivo da comparação é ampliar o entendimento da clarividência e seus mecanismos, para facilitar a classificação das experiências.

Alguns dos fenômenos abaixo podem ocorrer concomitantemente ou apresentar mais variáveis do que aqui apresentadas. Apesar disso, optou-se por utilizar definições mais clássicas de cada fenômeno que ofereçam uma referência clara e que contemple a maioria dos casos.

Com tais referências o leitor pode classificar próprias experiências. Com o tempo e através do exercício de análise da prática e comparação à teoria, é bem provável que o leitor-experimentador veja *nuances*, complexidades e aspectos além do que apresentamos a seguir.

Clarividência Local e Experiência Fora do Corpo – EFC

A diferença fundamental entre estes dois fenômenos é que na Clarividência Local o psicossoma do experimentador está dentro do seu corpo físico. Durante a EFC o psicossoma e a consciência estão fora do soma.

Com os olhos abertos fica relativamente fácil identificar a diferença, pois quando se está fora do corpo, logicamente a perspectiva de visão é externa à posição do corpo físico.

Um exemplo de visão do ponto de vista externo ao soma, são as experiências fora do corpo (EFCs) que ocorrem durante cirurgias, quando, com frequência, o paciente vê o ambiente do hospital, a equipe médica e o seu corpo físico desde um ponto de observação próximo ao teto. Neste caso o paciente estava vendo através do psicossoma projetado de um ponto externo e distante do corpo físico, o que nos leva a classificar o fenômeno como EFC e não como clarividência local.

Se o paciente estivesse deitado em sua cama e começasse a ver a aura de um enfermeiro ou de uma médica, com os olhos abertos e a partir da perspectiva natural de seu corpo físico, isso seria classificado como clarividência local.

Clarividência Viajora e Experiência Fora do Corpo

Aqui a diferenciação requer um pouco mais de experiência com os dois fenômenos parapsíquicos. Tecnicamente, a diferença é simples: durante a EFC, o psicossoma do experimentador está *fora* do soma e durante a clarividência viajora, o psicossoma está quase completamente *dentro* do soma.

Outra diferença é que, enquanto o experimentador está fora do corpo, não tem controle nem pode movimentar seu corpo físico, salvo em raras exceções, durante projeções em movimento, onde tipicamente o psicossoma está fora por poucos segundos. Na clarividência viajora, por outro lado, o parapsíquico pode descrever ou até mesmo desenhar as cenas vistas à distância durante a experiência com o fenômeno.

Os fenômenos são diferentes, mas há casos em que a única maneira de saber qual foi o fenômeno produzido é avaliando se você "sentiu-se lá, de corpo inteiro". Naturalmente, esta é uma avaliação subjetiva, que tem sua precisão diretamente associada ao acúmulo de experiências.

Na verdade, em uma EFC lúcida não há dúvida de que se está longe do próprio corpo físico. A questão surge quando a lucidez ou o nível de "despertamento" durante a experiência está um pouco reduzido e quando o experimentador não tem suficientes experiências para fazer a diferenciação.

Uma possível maneira de diferenciação é observar a abertura do ângulo de visão durante a experiência. Na EFC, o ângulo de visão tende a ser igual ou maior do que o da visão física, ou seja, podemos ver um pouco menos de 180 graus de abertura a partir do nariz.

Na clarividência viajora, muitas vezes a abertura do ângulo de visão é restrita, como se você estivesse olhando através de uma abertura, normalmente redonda, limitando o ângulo de visão a uns noventa graus ou menos. A sensação é de estar vendo através de um buraco na parede de um metro de diâmetro e de dentro de um quarto totalmente escuro.

Não se pode dizer que o ângulo de visão restrito se dá em *todas* as instâncias de clarividência viajora e que em *nenhuma* instância de EFC tenha o ângulo de visão restrito. Esta variável somente pode reforçar ou enfraquecer a hipótese de um fenômeno ou outro durante a interpretação das ocorrências parapsíquicas.

Clarividência e Intuição

Uma definição simples para intuição é chegar a uma conclusão ou pensamento, sem raciocínio lógico e consciente. Suponha que antes de sair de casa, sem ter olhado a previsão do tempo ou ter qualquer informação ou pensamento a respeito disso, a seguinte ideia venha a sua cabeça, claramente: "é melhor levar o guarda-chuva". Isto poderia ser a intuição de que vai chover e, quem sabe, ao final do dia, esta informação se prove útil, quando começar o temporal...

A intuição se dá em geral de maneira espontânea e normalmente não envolve imagens. Ocorre como se um pensamento "brotasse" em sua mente ou surgisse uma determinada certeza sobre algo sem ter chegado àquilo a partir de um processo de pensamento conduzido, racional.

A diferença principal está no mecanismo. Clarividência é percepção visual de uma realidade externa, local ou remota, do presente. A intuição é um processo interno, no qual se obtém informação ou chega-se a uma conclusão sem os métodos de raciocínio lógico.

Clarividência e Imaginação, Visualização

Conforme vimos no capítulo "Percepção de Imagens", durante a visualização e a imaginação, existe um esforço psíquico ou vontade de gerar a imagem que se "vê".

Assim, classificamos a clarividência como *percepção* e a visualização / imaginação como *manifestações* da consciência. Na clarividência, a imagem está chegando a nós, e na imaginação/visualização, nós criamos a imagem, ou seja, a imagem "sai" de nós mesmos.

Se pedir que você imagine esta página do livro manchada por uma gota de suco de uva, você poderia fechar os olhos e facilmente lembrar-se da página e do livro em suas mãos e adicionar a mancha em sua "tela mental". Poderia até visualizar o copo com suco e a situação que causou tal mancha, ver detalhes das cores, a quantidade e o efeito em outras páginas.

Para imaginar a mancha com os olhos abertos, o exercício exigiria mais concentração e força de vontade, porque na prática você está claramente vendo que a página *não está* manchada. Mesmo assim, com um pouco de esforço, poderia visualizar a mancha, que seria a composição da mancha imaginária com a página real. Você não estaria exatamente "vendo" a mancha com toda a intensidade de uma mancha real, porém o esforço de criar a mancha está presente, ela faz parte da imagem final.

A "chave" aqui é a parte "enquanto o esforço existe". Se você está com os olhos abertos e passivamente observa a página sem o esforço de imaginar nada, a página aparece como é, sem a mancha.

Este exemplo ajuda a responder a seguinte pergunta: *como saber se não estou imaginando a aura, as energias, ou a consciência extrafísica que estou vendo?*

A resposta está em outra pergunta: você está fazendo força para imaginar uma aura ao redor da pessoa observada?

Se você, durante o exercício, está relaxado e simplesmente observando, não há imaginação. Conforme apresentado anteriormente, em condições normais de saúde e lucidez, não existe imaginação sem esforço mental. Ver a aura, as energias, ou uma consciência extrafísica é uma coisa, imaginar é outra. A diferença é tão clara quanto "beber água" *versus* "imaginar-se bebendo água".

Algo que pode ajudar as pessoas que estejam no impasse imaginação/percepção é "zerar" as expectativas durante a aplicação de uma técnica de clarividência, já que a imaginação e a visualização requerem um esforço de vontade, um "querer ver". A ideia é atuar na condição de pesquisador que coleta dados de maneira isenta, similar a um ornitólogo buscando entender o comportamento de certo pássaro. Para que a coleta de dados seja precisa, o pesquisador deve abster-se de tentar provar as próprias hipóteses durante a fase de observação. Mais tarde, de volta ao laboratório, procuraria formular suas hipóteses de acordo com o que foi observado.

O que acontece com muitas pessoas, em especial no início, quando a percepção de clarividência é mais sutil, é que as dúvidas acabam contribuindo para a confusão entre percepção e imaginação. Talvez a expectativa de um *show* parapsíquico logo nas primeiras tentativas contribua para esta tendência, já que mesmo quando as percepções são mais sutis, a diferença entre ver e imaginar pode ser identificada com bastante clareza.

Com um pouco de persistência e repetição dos exercícios, as percepções se tornam cada vez mais fortes até o ponto onde o experimentador não pode, tendo a lógica e a coerência como base, negar a própria percepção.

Clarividência e Retrocognições

Retrocognição, segundo Wagner Alegretti (1961 –), é a parapercepção da consciência que lhe permite recuperar o acesso às memórias de fatos, cenas, pessoas, lugares, objetos, eventos, sentimentos, emoções e vivências pertencentes às suas existências intrafísicas passadas ou aos seus períodos intermissivos anteriores [Alegretti, 1; página 95]. Segundo Vieira, a retrocognição também pode dar-se fora do corpo, durante uma projeção [Vieira, 15; página 153].

A retrocognição é um fenômeno complexo e interessante, que pode ser experimentado de várias formas e pode envolver vários fenômenos parapsíquicos incluindo a clarividência. Alegretti menciona a relação entre clarividência facial e retrocognição, mostrando que os fenômenos podem ocorrer de modo correlacionado [Alegretti, 1; página 109].

As retrocognições muitas vezes se apresentam como imagens de eventos de uma vida passada, tal qual estivessem ocorrendo em uma tela à sua frente. Em outros casos, a retrocognição pode mesclar a percepção visual física do presente com imagens de uma vida passada, provenientes da holomemória. Esta memória integral da consciência armazena experiências de vidas e períodos intermissivos (entre vidas) anteriores.

Um exemplo de percepção combinando presente e passado foi uma retrocognição que tive ao entrar em um restaurante italiano, em bairro típico, onde viviam muitos imigrantes e descendentes daquele país.

A retrocognição se deu em uma noite em que se realizava um jantar de promoção de algum político. O "clima" e as energias do local foram provavelmente um dos fatores desencadeantes da experiência. Após entrar no restaurante, vi a uma distância de uns dez metros dois garçons caminhando ao encontro um do outro.

Quando os garçons se cruzaram e seguiram caminhando, cada qual para seu lado, algo disparou uma retrocognição e tive acesso à holomemória. Este acesso se apresentou em sobreposição a minha visão normal: via que a decoração do restaurante, as roupas das pessoas eram diferentes, como se estivesse em um restaurante na Itália, aproximadamente no início do século XVIII, mas alguns elementos do que via, os rostos das pessoas mais próximas, por exemplo, eram do presente.

Apesar de saber que estava em 1994, as imagens e as energias eram claramente de uma época anterior. Tudo se movimentava em câmera lenta; durante a experiência, ouvia uma música que depois me dei conta que não estava tocando no presente. A disposição das mesas e o *layout* do restaurante permaneceram aproximadamente os mesmos, sugerindo o *input* visual do presente. A experiência durou apenas alguns segundos, mas trouxe um impacto energético muito forte.

A sensação e o padrão das energias do passado eram nitidamente diferentes e precisei de alguns minutos para me recompor do impacto energético. O impacto resultou da identificação clara de uma situação de uma vida anterior que estava praticamente revivendo naquele momento.

Este aspecto energético talvez seja a mais importante forma de diferenciar a retrocognição da clarividência e outros fenômenos. Na retrocognição, esse impacto é significativo, pois o contato com as energias do passado trazem a certeza e a autoidentificação de que o que você está vendo é parte de *seu* passado.

Ainda que a "embalagem" da clarividência e da retrocognição possa ser parecida – ambas contêm imagens ou aspectos visuais – a procedência do "produto" é diferente: clarividência vem de uma realidade presente (simulcognição) e a retrocognição vem do passado (holomemória).

Clarividência e as Precognições

Um dos relatos de precognição que escutei veio de Juan: ao sentar-se e relaxar durante uma pausa no trabalho, em um ambiente mais silencioso, percebeu uma tela de meio metro que "apareceu" à sua frente, a mais ou menos trinta centímetros da ponta do seu nariz e viu nela um vídeo de dez segundos, onde seu amigo de infância encontrava com o seu irmão, em um parque de Miami.

Juan descartou de imediato a possibilidade de clarividência viajora, pois sabia que, no momento da percepção, seu irmão provavelmente estava no trabalho em Columbia, South Carolina e não caminhando em um parque em Miami. Juan ligou em seguida para seu irmão e confirmou seu paradeiro. Quanto ao amigo, Juan havia perdido contato com ele, por aproximadamente oito anos mesmo que ainda pudesse viver em Miami.

Três semanas após a experiência, seu irmão veio passar uma semana em Miami. A esta altura, Juan já havia se esquecido do que se confirmaria como precognição. Em uma de suas corridas matinais, seu irmão encontrou de fato o tal amigo no mesmo parque que era cenário do clipe precognitivo do encontro, visto na tela mental de Juan.

Neste caso, a percepção não foi clarividência, já que o evento percebido era algo que *ia acontecer* no futuro e não poderia estar acontecendo simultaneamente à percepção (simulcognição).

Nem sempre podemos comprovar se o que foi observado é ou não precognição como nesta instância, através do telefonema de Juan para seu irmão. Quando não há possibilidade de confirmação imediata, é necessário recorrer a outras características do fenômeno para identificá-lo corretamente.

Quando o fenômeno é precognitivo, a percepção, em geral, vem acompanhada de uma sensação de que é algo que "vai acontecer". Ou seja, intuitivamente a pessoa sabe que a informação se refere ao futuro.

Em geral, os eventos de precognição têm duração mais curta, frequentemente apresentados em forma de *flash* ou uma série de imagens estáticas ou em movimento com duração abaixo de um minuto.

Durante um evento de precognição, com cenários de imagens, é comum que o experimentador entre em uma espécie de transe temporário e relate que não tinha controle sobre a experiência, por exemplo, a habilidade de escolher o ângulo de observação do evento ou de interrompê-la. Na clarividência viajora, por outro lado, em geral é possível exercer controle de direção de observação e da experiência, ou seja, pode-se "olhar" para um lado ou para outro através da vontade.

O que não é Clarividência

Há alguns tipos de percepção que claramente não têm como origem a clarividência. Um deles é um fenômeno não muito frequente, onde se observam duas imagens exatamente iguais, como no relato abaixo:

> *Eu vi dois de você, a uma distância de meio metro mais ou menos.*
>
> *P: Como assim, duas cópias exatamente iguais?*
>
> *Sim. Primeiro via você no centro e em seguida, bem devagar, começava a ver duas cópias, uma indo para a direita, outra para a esquerda até se separarem completamente, de maneira que via as duas a mais ou menos trinta centímetros do centro.*
>
> *P: E você via o corpo inteiro?*
>
> *Sim, corpo inteiro e inclusive a cadeira onde você estava sentado.*

Essa percepção se explica devido à alteração na convergência dos olhos. O aluno estava a uma distância de aproximadamente cinco metros do professor durante o exercício. Ao relaxar com os olhos abertos, a convergência que originalmente era no centro, na imagem do professor, mudou e começou a "abrir", como se a direção de visão dos olhos ficasse paralela, dando a impressão de haver "dois" professores: um para cada olho.

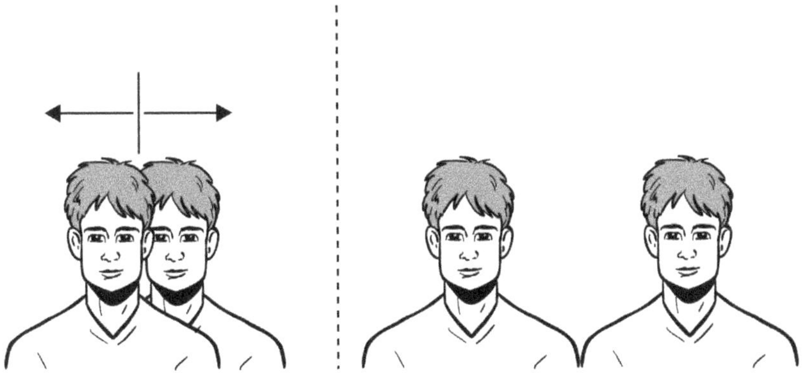

Figura 23: Imagem dupla

Este efeito exige um pouco de prática para controlá-lo, pois é necessário aprender o relaxamento seletivo do soma, sem perder o controle muscular da direção para onde se olha.

Esta habilidade é a mesma que se usa quando relaxamos profundamente o corpo físico, ao ponto de senti-lo quase flutuando, mas mantemos a cabeça ereta e os olhos abertos.

Naturalmente, a ilusão de ótica também não é clarividência. Sabemos, porém, que algumas ilusões de ótica podem ser usadas como ponte em uma técnica de clarividência ou simplesmente para aprender a observar aspectos novos da visão, o que, por sua vez, poderia ajudar a identificar a percepção visual extrafísica (ver capítulo "Fatores Otimizadores da Clarividência", seção "Achar o Interruptor").

CAPÍTULO 10

Conclusões

O *workshop* de clarividência, fonte relevante das informações aqui contidas, tem mudado significativamente, desde a versão original até a versão anterior à publicação deste livro. Novas explicações, exemplos e, por vezes, variações de um exercício são normalmente adicionados, à medida que vai se repetindo.

Desta maneira, as futuras edições deste livro devem ter a mesma característica: desenvolvimento dinâmico do conhecimento e tendo como fontes a experiência pessoal, relatos de terceiros, a pesquisa teórica, a reflexão, a elaboração de hipóteses e os experimentos práticos.

Esta seção apresenta conclusões parciais, seguindo a ideia de que não há conclusões absolutas ou necessariamente definitivas, mas sim teorias, métodos e técnicas (verdades relativas) que usamos até o momento em que outras hipóteses e outros consensos venham a ser validados.

Superando Ceticismo Exagerado e Autobloqueios

Bruce, na segunda vez que participava em um *workshop* de clarividência, disse:

Eu tenho uma dificuldade: sempre que começo a ver o energossoma do professor, fico pensando se estou vendo mesmo ou se é algum tipo de ilusão de ótica ou algo da iluminação. Como trabalhar isso?

Experimentalmente, a resposta que mais tem ajudado envolve duas estratégias: "aumentar a diferença" e "deixar a análise para depois".

O "aumentar a diferença" consiste em treinar mais, tentar mais vezes e com técnicas diferentes para conseguir experiências que não deixem dúvida para o experimentador.

Claro que se a pessoa decide agarrar-se ao paradigma fisicalista, não há experiência que mude isso. Também já foi exposto que se a pessoa está inconscientemente sabotando os próprios esforços, qualquer percepção fica mais facilmente desprezível. Contudo, é possível e relativamente simples que se aumente a diferença entre a percepção física e a extrafísica de maneira que o experimentador lúcido e racional não possa negá-la.

No exercício onde observo outra pessoa, buscando ver seu energossoma através da clarividência. Se, durante a aplicação da técnica, vejo um contorno brilhante de **um centímetro** de largura, posso descontar esta percepção e interpretá-la como uma ilusão derivada do funcionamento dos olhos físicos, que devido à questão de detecção de borda, ou algo nessa linha. Mas se o contorno brilhante tem **quatro ou cinco centímetros**, é vivo e claramente diferente da borda que vejo em um móvel, tenho de admitir que aquilo não se encaixa em nenhuma explicação física ou ótica, hipótese eliminada devido à diferença entre um móvel e uma pessoa.

Quanto ao "deixar a análise para depois", isto foi discutido em mais detalhe no capítulo "Fatores Otimizadores da Clarividência", seção "Autobloqueios". Em resumo, o princípio é evitar a análise e questionamentos *durante* o exercício de clarividência, já que essa atitude mental poderia bloquear a parapercepção. Se você está relaxado, aberto para novas percepções, sem pensar em consequências e conclusões, *a clarividência vai estar mais à vontade para fazer uma visita.* A análise crítica pode ficar para o momento seguinte.

Clarividência e Diagnósticos

O uso da clarividência como ferramenta de diagnóstico é algo que vi com bastante frequência em feiras místicas de países como o Brasil, Estados Unidos, México, Portugal e Espanha.

Ainda que a clarividência possa ser usada como complemento de vários procedimentos de anamnese, não encontrei, até o momento, bibliografia com informações de metodologia bem definida, casuística estruturada ou estudos mais formais, o que me faz pensar que ainda há muita pesquisa a ser feita neste sentido.

Existem alguns livros que propõem sistemas de avaliação e instruções para traduzir o que se vê na aura em termos de saúde e doença. Contudo, em geral esses sistemas são concebidos por *uma* pessoa, faltando validação de consenso da experiência de clarividência por mais pessoas, para que se estabeleçam parâmetros e linguagem comum para uma pesquisa mais elaborada.

Este fato não tira o mérito de alguns pioneiros da anamnese através da clarividência, mas no contexto atual, um *checkup* da medicina convencional provavelmente produziria um diagnóstico mais exato, em especial quando se deseja verificar a saúde do soma.

Naturalmente, um exame convencional apontará somente problemas somáticos e não um bloqueio de um chacra, por exemplo. Contudo, ainda que o problema não fosse somático, parece mais produtivo aprender a perceber as próprias energias – e eventuais bloqueios – buscando uma saúde energética melhor, através da capacidade *individual* de trabalhar com próprio energossoma.

Podemos receber ajuda de um terceiro para identificar e eliminar problemas em nosso energossoma e quem sabe em minoria dos casos isto seja necessário. Mas apoiar-se nisso como conduta padrão seria equivalente a comer frituras a vida toda confiando que o problema será sempre resolvido por um bom cardiologista.

Fenômenos Subjetivos e Manipulação

Uma pergunta muito comum que recebo é, "como está a minha aura?".

A resposta que ofereço, escolhida como princípio pessoal é "aprenda a ver e olhe no espelho". Escolhi esta resposta como uma tentativa de quebrar a cultura de terceirização da espiritualidade ou do parapsiquismo, que muitas vezes "trava" a pessoa em repetições de vidas passadas ou em uma diminuição da responsabilidade individual sobre o estado de suas próprias energias.

Outro problema potencial na avaliação de outra pessoa através de parapercepções é abrir margem para manipulação, sedução e dependência psicológica. Suponha que alguém escute de um suposto parapsíquico o seguinte:

> *"a sua aura é muito forte... você deve ser um espírito evoluído... a cor violeta, vibrante... você é um espírito de luz..."*

Este alguém certamente será tentado a acreditar na percepção subjetiva do terceiro, em especial, porque há um elogio implícito na percepção. Quanto maior o ego da pessoa que escuta, maior é a probabilidade que acredite nesse diagnóstico, ainda que seja falso ou não tenha evidência através da experiência pessoal que validasse o diagnóstico.

O diagnóstico de terceiros, portanto, pode ser utilizado para manipulação quando falta a ética ou, neste caso, a *cosmo*ética.

Outro exemplo que ouvi em uma feira mística poderia ter intenção implícita de criar certa dependência:

> *"Hmmm a aura não está bem fechada... não há muita luz... vejo cores escuras na região do abdômen... este chacra deve estar bloqueado, tem algum problema aí..."*.

Uma boa parte das pessoas teria dificuldade em descartar esse comentário e ficaria curiosa para saber qual é o problema e como resolvê-lo. Coloquemos de lado temporariamente a discussão sobre a validade ou não do diagnóstico, assunto que discutiremos mais à frente.

Ora, se a identificação do problema foi oferecida pelo parapsíquico-clarividente, seria natural que se acreditasse também que o mesmo tivesse uma solução para tal problema e até (quem sabe?) para todos os problemas. Em um caso como este, a situação criada pode gerar dependência patológica de acordo principalmente com a ética e personalidade dos envolvidos.

O problema está também nas ramificações mais complexas da relação entre o parapsíquico e o não parapsíquico, que pode resultar em um tipo de estrutura guru-seguidor: o guru tem acesso supostamente exclusivo às outras dimensões, pensando e tomando as decisões em lugar do não parapsíquico, algo que criaria uma dependência psicológica que desfavoreceria o desenvolvimento do seguidor em termos de mentalsoma, discernimento, omniquestionamento e racionalidade.

Mabel Teles, em seu livro "Profilaxia das Manipulações Conscienciais" resume este aspecto com a seguinte frase: "Quem assume, de fato, e com lucidez, as rédeas da própria conduta e evolução, minimiza a possibilidade de ser consciência intrafísica manipulável" [Teles, 8; página 55].

Terceirização da Experiência com Outras Dimensões

Uma das propostas da Conscienciologia é que o indivíduo tenha por prioridade o desenvolvimento do parapsiquismo para aumentar a frequência e a qualidade das experiências diretas com a multidimensionalidade.

O ideal seria que a pessoa buscasse a autovalidação das heteropercepções e vice-versa. Assim, verifico minhas percepções com as de terceiros e a percepção de um terceiro com a minha. Ou seja, se vi a aura com a cor azul e um formato ovalado, perguntaria a outro experimentador se na prática foi isso que ele/ela viu. Com esta atitude constrói-se consenso e, pouco a pouco, vamos conhecendo mais sobre o fenômeno.

Naturalmente, para que esta validação de percepção funcione, é necessário que os participantes tenham uma linguagem comum para descrever os fenômenos, um nível mais ou menos equalizado de discernimento e capacidade de percepção extrafísica.

Nem sempre nossas percepções poderão ser validadas e nem sempre terceiros estarão de acordo perfeito com o que observamos. Também não podemos esperar que em todos os casos exista uma explicação consensual para os fenômenos e as experiências compartilhadas em grupo. Contudo, a iniciativa de buscar o conhecimento na prática e a comunicação podem ajudar na obtenção de interdependência mais madura.

É necessário, além disso, avaliar os objetivos e o perfil dos experimentadores. Por exemplo, se três de cinco são mais místicos e tendem a falar de extraterrestres em noventa por cento do tempo, o grupo pode ter a atenção direcionada para este tipo de percepção, filtrando as demais.

Se dois participantes se sentem deslocados e buscam a aprovação do grupo, estes vão tender a concordar e validar as percepções dos demais, além de descartar ou minimizar suas próprias percepções quando elas apresentarem muitas diferenças do "normal".

É também importante considerar que o holopensene do grupo determina a qualidade do campo de energias estabelecido nos exercícios, atraindo consciências extrafísicas afins a esse campo. Desta maneira, certa quantidade de pessoas apresentando comportamento mais religioso (consciente ou inconsciente) ou que acredita em anjos, ou que favorece a consolação, mais emocional, pode ter experiências onde veem consciexes com aparência religiosa ou com padrão energético mais maternal/paternalista ou consolador.

Assim, para estar mais próximo da *realidade* multidimensional, é indispensável associar o desenvolvimento parapsíquico ao desenvolvimento consciencial, baseado na autocrítica e no autoconhecimento.

Terapias Alternativas Eficazes

A priorização das experiências pessoais não significa que devemos eliminar a clarividência e as intervenções energéticas como terapias alternativas eficazes. A experiência pessoal e alguns experimentos científicos trazem evidência desta eficácia em condições específicas. A questão é "manter os olhos e paraolhos abertos", o discernimento "ligado" para ver o que é mais inteligente, prioritário e importante, buscando conhecer sobre o assunto e ter as próprias experiências.

Muito "Chão" pela Frente

A visão extrafísica é um fenômeno muito rico e por vezes complexo. Existe ainda muito trabalho a ser feito para aprofundar o conhecimento deste fenômeno, principalmente na organização de consenso de percepções e suas correlações, validação de hipóteses e especificação mais precisa de métodos e técnicas de pesquisa.

É natural que vários exemplos e situações tenham ficado de fora do texto final. Convido o leitor a enviar seus relatos pessoais através do site http://www.ClairvoyanceBook.org/Survey, o que contribuirá para projetos de pesquisa sobre o tema com base no paradigma consciencial.

Conforme ponderamos, a clarividência representa uma das "pontas do *iceberg*" que se resume na pergunta básica: "o que estamos fazendo aqui neste mundo?".

Se o leitor chegou até aqui, provavelmente não subscreve à teoria de que só existe um mundo material. Acreditar nisso é relativamente fácil, porém desnecessário. A proposta é que através da clarividência você tenha experiências com outras dimensões e a partir disto, motive-se a desenvolver outras formas de parapsiquismo, abrindo assim um leque de possibilidades de exploração de sua condição de consciência multidimensional.

Ao desenvolver a habilidade de acessar outras dimensões evitando doutrinações e misticismos, poderemos alcançar a satisfação máxima que provém dos resultados da aplicação da inteligência evolutiva.

Bons experimentos!

REFERÊNCIAS

As referências a seguir incluem livros de vários tipos e diferentes abordagens, desde a mais materialista até a mais mística.

Muitos dos livros consultados apresentam ideias contraditórias e definições, às vezes, opostas ao que foi apresentado neste livro. Por isso, separou-se a bibliografia em três seções: *Referências Conscienciológicas, Referências Gerais* e *Referências Com Abordagem Mística.*

Não se pode dizer que há um consenso absoluto entre os livros de Conscienciologia, até porque trata-se de uma ciência jovem e dinâmica. Contudo, os conceitos de base e o paradigma utilizado nas *Referências Conscienciológicas* são uniformes, o que facilita o entendimento mais profundo de alguns temas abordados, por exemplo: cosmoética e amparo.

As *Referências Gerais,* relacionadas à clarividência e fenomenologia da percepção visual física, apresentam boas informações relativas ao tema, ainda que nem todas as abordagens estejam alinhadas com as apresentadas neste livro e que algumas obras de clarividência tenham traços de misticismo.

A terceira seção, *Referências com Abordagem Mística,* é a que exige mais "filtragem", segundo a avaliação deste autor, porque a maior parte dos títulos está fortemente influenciada pelo ocultismo, religiões e esoterismo. Estas obras apresentam abordagens ora antiquadas, ora contraproducentes, ora confusas e, por vezes, simplesmente sem validação mais ampla. Apesar disso, os títulos apresentados contêm casos, exemplos, técnicas e ideias que podem ser aproveitados, quando auxiliarem os objetivos aqui propostos.

Referências Conscienciológicas

01. **Alegretti,** Wagner; ***Retrocognições. Pesquisa da Memória de Vivências Passadas;*** *Instituto Internacional de Projeciologia e Conscienciologia (IIPC);* Rio de Janeiro; 2000.

02. **Alegretti**, Wagner; ***A Research Approach to the Vibrational State via the Study of Brain Activity;*** *Journal of Conscientiology;* Vol. 11, N. 42; *International Academy of Consciousness (IAC);* Miami, FL; October, 2008.

03. **Balona**, Málu; ***Síndrome do Estrangeiro;*** *Instituto Internacional de Projeciologia e Conscienciologia (IIPC);* Rio de Janeiro; 1998.

04. **Daou**, Dulce; ***Autoconsciência e Multidimensionalidade;*** *Editares;* Foz do Iguaçu; 2005.

05. **Lutfi**, Lucy; ***Voltei para Contar. Autobiografia de uma Experimentadora da Quase-Morte;*** *Editares;* Foz do Iguaçu; 2006.

06. **Medeiros**, Rodrigo; & **Sousa**, Patrícia; ***Image Target Research Project: a methodology to support research on remote perception phenomena;*** Proceedings of the III ICPC – International Congress of Projectiology and Conscientiology; *Journal of Conscientiology; Instituto Internacional de Projeciologia e Conscienciologia (IIPC);* New York; 2002.

07. **Schlosser**, Ulisses; ***Técnica para o Ajustamento Parafisiológico da Sintonia Visual na Clarividência;*** Artigo; *Conscientia;* Revista; V. 11; N. 3; *Associação Internacional do Centro de Altos Estudos da Conscienciologia (CEAEC Editora);* Foz do Iguaçu, PR; Julho-Setembro, 2007.

08. **Teles**, Mabel; ***Profilaxia das Manipulações Conscienciais;*** *Editares;* Foz do Iguaçu; Brasil; 2007.

09. **Trivellato**, Nanci; & **Alegretti**, Wagner; ***Quantitative and Qualitative Analysis of Experimental Research Project into Out-of-Body Experience;*** Proceedings of the III ICPC – International Congress of Projectiology and Conscientiology; Journal of Conscientiology; *Instituto Internacional de Projeciologia e Conscienciologia (IIPC);* New York; 2002.

10. **Trivellato**, Nanci; ***Measurable Attributes of the Vibrational State Technique;*** *Journal of Conscientiology;* Vol. 11, N. 42; *International Academy of Consciousness (IAC);* Miami, FL; October, 2008.

11. **Vieira**, Waldo; ***200 Teáticas da Conscienciologia;*** *Instituto Internacional de Projeciologia e Conscienciologia (IIPC);* Rio de Janeiro; 1997.

12. **Vieira,** Waldo; ***700 Experimentos da Conscienciologia;*** *Instituto Internacional de Projeciologia e Conscienciologia (IIPC);* Rio de Janeiro; 1994.

13. **Vieira,** Waldo; ***Homo sapiens reurbanisatus;*** *CEAEC;* Foz do Iguaçu; 2003.

14. **Vieira,** Waldo; ***Homo sapiens pacificus;*** *CEAEC;* Foz do Iguaçu; 2007.

15. **Vieira,** Waldo; ***Projeciologia: Panorama das Experiências da Consciência fora do Corpo Humano;*** *Instituto Internacional de Projeciologia e Conscienciologia (IIPC);* Rio de Janeiro; Brasil; 1999.

16. **Vieira,** Waldo; ***Projeções da Consciência;*** *Instituto Internacional de Projeciologia e Conscienciologia (IIPC);* Rio de Janeiro; Brasil; 1996.

Referências Gerais

17. **Bagnal,** Oscar; ***The Origins and Properties of the Human Aura;*** *University Books;* New York; 1974.

18. **Bodycombe,** David J.; ***Optical Illusions and Picture Puzzles;*** *Barnes and Noble Books;* New York; 1999.

19. **Butler,** W.E.; ***How to Read the Aura. Its Character and Function in Everyday Life;*** *The Aquarian Press;* Wellingborough; UK; 1979.

20. **Butler,** W.E.; ***How to Read the Aura, Practice Psychometry, Telepathy and Clairvoyance;*** *Destiny Books;* New York; 1978.

21. **Carrington,** Hereward; ***The Problems of Psychical Research;*** 1921 Edition Reprint; *Bibliobazaar;* Charleston, SC, USA; 2008.

22. **Dictionaire Anglais Francais;** *Petit;* Paris; Hachette; 1934.

23. **Dixon,** Jacob; ***Hygienic Clairvoyance;*** *W. Foulsham & Co;* London; 1920.

24. **Felton,** Russel; ***My Passport Says Clairvoyant;*** *Hawthorn Books Inc;* New York; 1974.

25. **Fonseca,** José; ***Novo Dicionário Lello. Francês Português;*** *Lello;* Porto; 1997.

26. **Geley,** Gustave; ***Clairvoyance and Materialisation: a Record of Experiments;*** *Bouverie House;* London; 1927.

27. **IANDS** – **International Association for Near Death Studies;** ***The Day I Died: The Mind, the Brain, and Near-Death Experiences;*** *Produced by British Broadcasting Company (BBC); Distributed by Films for the Humanities and Sciences;* New York, 2002.

28. **Johnson,** R.C.; ***Psychical Research;*** *English Universities Press;* London; 1923.

29. **Jones,** Zachary; **Dunne,** Brenda; **Jahn,** Robert; **Hoeger,** Elissa; ***Filters and Reflections: Perspectives on Reality;*** *ICRL Press;* Princeton, NJ; 2009.

30. **Kitaoka,** Akiyoshi; & **Ashida,** Hiroshi; ***Phenomenal Characteristics of the Periferal Drift Illusion;*** *Journal of the Vision Society of Japan;* Kyoto; 2003.

31. **Marleau-Ponty,** Maurice; ***Fenomenologia da Percepção;*** *LMFE;* São Paulo; 1999.

32. **McConnell,** R.A.; ***Self Deception in Science;*** *University of Pittsburgh;* Pittsburgh; 1982.

33. **McMoneagle,** Joseph; ***Mind Trek: Exploring Consciousness, Time, and Space Through Remote Viewing;*** *Hampton Roads;* Charlottesville; Virginia; 1997.

34. **McMoneagle,** Joseph; ***Remote Viewing Secrets: a Handbook;*** *Hampton Roads;* Charlottesville; Virginia; 2000.

35. **McMoneagle,** Joseph; ***The Ultimate Time Machine: A Remote Viewer's Perception of Time, and Predictions for the New Millenium;*** *Hampton Roads;* Charlottesville; Virginia; 1998.

36. **Melville,** John; ***The Wonders of Crystal Gazing and Clairvoyance;*** *W. Foulsham & Co Ltd.;* London; 1920.

37. **Meyer,** Philippe; ***O Olho e o Cérebro: Biofilosofia da Percepção Visual;*** *Editora UNESP;* São Paulo; 1997.

38. **Oppenheim,** Janet; ***The Other World: Spiritualism and Psychical Research in England;*** *Cambridge University Press;* Cambridge; 1985.

39. **Osborne,** Gladys L.; ***My Life in Two Worlds;*** *Cassell & Company Ltd.;* London; 1931.

40. **Owens,** Elizabeth; ***Spiritualism & Clairvoyance for Beginners;*** First Edition; *Llewellyn Publications;* Woodbury, MN, USA; 2007.

41. **Ring**, Keneth; & **Cooper**, Sharon; ***Mindsight. Near-Death and Out-of-Body Experiences in the Blind;*** *William James Center for Consciousness Studies;* Palo Alto; USA; 1999.

42. **Rock**, Irvin; ***Perception;*** *Scientific American Books;* New York; 1984.

43. **Santaella**, Lucia; ***Semiótica Aplicada;*** *Pioneira Thomson Learning;* São Paulo; 2005.

44. **Smith**, Angela Thompson; ***Remote Perceptions: Out-Of-Body Experiences, Remote Viewing, and Other Normal Abilities;*** Foreword by Ingo Swan; *Hampton Roads;* Charlottesville; Virginia; 1998.

45. **Smith**, Mark; ***Auras: See Them in Only 60 Seconds!;*** *Llewellyn Publications; St. Paul;* Minnesota; 2002.

46. **Smith**, Paul H.; ***Reading the Enemy's Mind: Inside Stargate – America's Psychic Espionage Program;*** *Tom Doherty Associates;* New York; 2006.

47. **Silva**, Roberto Epifânio da; & **Silva**, Ilza Andrade. ***O Plano Extrafísico. Pesquisa através da Clarividência;*** *Livraria e Editora Universalista;* Londrina; 1997.

48. **Tart**, Charles; ***Body, Mind, Spirit. Exploring the Parapsychology of Spirituality;*** *Hampton Roads;* Charlottesville; Virginia; 1997.

49. **Wallace**, Alfred Russel; ***O Aspecto Científico do Sobrenatural;*** *Lachâtre;* Niterói; 2003.

50. **Wasielewski**, Dr. Waldemar; ***Telepatia, Visión Hipnótica y Clarividência: Facultades Psíquicas Extraordinárias;*** *Casa Editorial Mauci;* Barcelona; 1921.

Referências com Abordagem Mística

Esta secção exige mais atenção na postura crítica por parte do leitor, uma vez que a maior parte dos títulos está fortemente influenciada pela abordagem mística: ocultismo, religiões e esoterismo. Apesar disso, os títulos apresentados contêm casos, exemplos, técnicas e ideias que podem ser aproveitados, quando auxiliarem os objetivos da pesquisa da clarividência.

51. **Andrews**, Ted; ***How to See and Read the Aura;*** *Llewellyn;* St. Paul; Minnesota; 2002.

52. **Besant**, A.; & **Leadbeater**, C.W.; ***Formas de Pensamento: 27 Pranchas em Cores;*** *Pensamento;* São Paulo; Edição original em 1901.

53. **Bierce**, Ambrose; ***The Enlarged Devil's Dictionary;*** *Penguin Books;* London; 1971; p. 70.

54. **Cayce**, Edgar; ***Auras: an Essay on the Meaning of Colors;*** *A.R.E. Press;* 48th Printing from original essay in 1945; Virginia Beach, VA, USA; 2008.

55. **Fiorentin**, Arlindo; ***A Abertura do Terceiro Olho: a Visão Psíquica;*** *Ediouro;* São Paulo; 1986.

56. **Hemser**, Gloria; & **Friedlander**, John; ***Desenvolvimento Psíquico Básico: Aura, Chakras e Clarividência;*** *Pensamento;* São Paulo; 1999.

57. **Kilner**, Walter J.; ***The Human Aura;*** *Citadel Press;* Seacaucis; New Jersey; 1965.

58. **Leadbeater**, C. W.; ***Clarividencia. La Percepción de los Mundos Invisibles;*** *Ediciones Abraxas;* Barcelona; 1999.

59. **Leadbeater**, C. W.; ***Man Visible and Invisible: Examples of Different Types of Men as seen by Means of Trained Clairvoyance;*** *The Teosophical Publishing House;* London; 1969.

60. **Leadbeater**, C.W.; ***O Homem Visível e Invisível: um Estudo das Variações da Aura dos Diferentes Tipos de Indivíduos;*** *Pensamento;* São Paulo; 1987.

61. **Lewis**, Ralph M.; ***A Través Del Ojo de la Mente;*** *Gran Logia Suprema de AMORC;* San José; 1983.

62. **Maffucci**, Maria; ***L'aura-soma. Colori per Il Corpo, Colori per lo Spirito;*** *Xênia;* Milano; 2005.

63. **Mala**, Matthias; ***A Aura das Mãos. O Significado das Cores e das Formas da Aura;*** *Pensamento;* São Paulo; 1993.

64. **Oso**, Jiménez Del; ***El Sexto Sentido, los Ojos de la Mente;*** *Universo;* Cidade do México; 1982.

65. **Ouseley**, S.; **Fortune**, Dion; & **de la Fleuriere**, Raoul; ***El Aura Humana;*** *Queipo Hnos, Editores S. de R.L.;* Ciudad de Mexico.

66. **Schnabel**, Jim; ***Remote Viewers: The Secret History of America's Psychic Spies;*** *Dell Publishing;* New York; 1997.

67. **Shumsky**, Susan G.; ***Exploring Auras. Cleansing and Strenghthening Your Energy Field;*** *New Page Books;* Franklin Lakes; NJ; 2006;

68. **Slate**, Joe H.; ***Aura Energy for Health, Healing and Balance;*** *Llewellyn Publications;* Woodsbury; Minessotta; 1999.

69. **Spencer**, Wolfran R.; ***Clarividência, Telepatia y Parapsicologia;*** *Editores Mexicanos Unidos;* Cidade do México; 1996.

70. **Spilmont**, Jean-Pierre; ***A Vidência;*** *Martins Fontes Editora;* São Paulo; 1983.

71. **Vishita**, Swami Bhakta; ***The Development of Seership, the Science of Knowing the Future. Hindoo and Oriental Methods;*** *The Yogi Publication Society;* Chigago; 1960.

72. **Webster**, Richard; ***Aura Reading for Beginners. Develop your Psychic Awareness for Health and Success;*** *Llewellyn Publications;* St. Paul; Minessota; 2003.

73. **Wikinski**, Bernardo; ***Aura, los Extraordinários Atributos de Nuestra Energia;*** *Kier;* Buenos Aires; 2004.

ÍNDICE REMISSIVO

D

E

F

G

H

INSTITUIÇÕES CONSCIENCIOCÊNTRICAS (ICS)

ICs. As Instituições Conscienciocêntricas – ICs – são organizações cujos objetivos, me-todologias de trabalho e modelos organizacionais estão fundamentados no *Paradigma Consciencial.* A atividade principal das ICs é apoiar a evolução das consciências através da *tarefa do esclarecimento* pautada pelas *verdades relativas de ponta,* encontradas nas pesquisas no campo da Ciência Conscienciologia e especialidades.

Voluntariado. Todas as Instituições Conscienciocêntricas são associações independentes, de caráter privado, sem fins de lucro e mantidas predominantemente pelo trabalho voluntário de professores, pesquisadores, administradores e profissionais de diversas áreas.

CCCI. O conjunto das Instituições Conscienciocêntricas e dos voluntários da Conscienciologia no planeta compõe a *Comunidade Conscienciológica Cosmoética Internacional* – CCCI – formada atualmente por 20 ICs, incluindo a *Associação Internacional Editares.*

AIEC – Associação Internacional para Expansão da Conscienciologia
Fundação: 22/04/2005
Sede: Av. Felipe Wandscheer, 5.100, sala 111, Cognópolis
CEP: 85856-530, Foz do Iguaçu, Paraná, Brasil
Tel.: +55 (45) 2102-1411
Site: www.worldaiec.org
Contato: aiec.comunicacao@gmail.com
Campus Discernimentum: Av. Felipe Wandscheer, 5.100, sala 201, Cognópolis
CEP: 85856-530, Foz do Iguaçu, Paraná, Brasil
Tel.: +55 (45) 2102-1400
Contato: contato@discernimentum.org

APEX – Associação Internacional da Programação Existencial
Fundação: 20/02/2007
Sede: Rua da Cosmoética, 1.511, Cognópolis, Caixa Postal 921
CEP: 85851 000, Foz do Iguaçu, Paraná, Brasil
Tel.: +55 (45) 3525-2652 – Fax: +55 (45) 3525-5511
Site: www.apexinternacional.org
Contato: contato@apexinternacional.org

ARACÊ – Associação Internacional para a Evolução da Consciência
Fundação: 14/04/2001
Campus ARACÊ: Rota do Conhecimento, Km 7, acesso pela BR-262, Km 87
Distrito de Aracê, Domingos Martins, Espírito Santo, Brasil
Endereço para correspondência: Caixa Postal 110
CEP: 29278-000, Pedra Azul, Domingos Martins, Espírito Santo, Brasil
Tel.: +55 (27) 9739-2400
Site: www.arace.org
Contato: associacao@arace.org

ASSINVÉXIS – Associação Internacional de Inversão Existencial
Fundação: 22/07/2004
Campus de Invexologia: Av. Maria Bubiak, 1.100, Cognópolis
CEP: 85853-728, Foz do Iguaçu, Paraná, Brasil
Tel.: +55 (45) 3525-0913
Site: www.assinvexis.org
Contato: contato@assinvexis.org

ASSIPEC – Associação Internacional de Pesquisas da Conscienciologia
Fundação: IC apresentada oficialmente na Tertúlia Conscienciológica do dia 14/08/2011
Sede: Rua XV de Novembro, 1.681, Vila Municipal
CEP: 13201-006, Jundiaí, São Paulo, Brasil
Tel.: +55 (11) 4521-8541
Site: www.assipec.org
Contato: assipec@assipec.org

ASSIPI – Associação Internacional de Parapsiquismo Interassistencial
Fundação: 29/12/2011
Sede: Av. Felipe Wandscheer, 5.100, sala 212, Cognópolis,
CEP: 85856-530, Foz do Iguaçu, Paraná, Brasil
Tel.: +55 (11) 2102-1421 – VOIP: +55 (45) 4053-9818
Site: www.assipi.org
Contato: assipi@assipi.com

CEAEC – Associação Internacional do Centro de Altos Estudos da Conscienciologia
Fundação: 15/07/1995
Sede: Rua da Cosmoética, 1.511, Cognópolis, Caixa Postal 921,
CEP: 85851-000, Foz do Iguaçu, Paraná, Brasil
Tel.: +55 (45) 3525-2652 – Fax: +55 (45) 3525-5511
Site: www.ceaec.org
Contato: ceaec@ceaec.org

COMUNICONS – Associação Internacional de Comunicação Conscienciológica
Fundação: 24/07/2005
Sede: Av. Felipe Wandscheer, 5.100, sala 206, Cognópolis
CEP: 85856-530, Foz do Iguaçu, Paraná, Brasil.
Tel.: +55 (45) 2102-1409
Site: www.comunicons.org.br
Contato: comunicons@comunicons.org

***CONSCIUS* – Associação Internacional de Conscienciometria**
Fundação: 24/02/2006
Sede: Rua da Cosmoética, 1.511, Cognópolis, Caixa Postal 921
CEP: 85851-000, Foz do Iguaçu, Paraná, Brasil.
Tel.: +55 (45) 3525-2652 – Fax: +55 (45) 3525-5511
Site: www.conscius.org.br
Contato: conscius@conscius.org.br

ECTOLAB – Associação Internacional de Pesquisa Laboratorial em Ectoplasmia e Paracirurgia.
Fundação: 14/07/2013.
Sede: Av. Felipe Wandscheer, 5.100, sala 105, Cognópolis
CEP: 85856-630, Foz do Iguaçu, PR, Brasil
Tel.: +55 (45) 2102-1427
Site: www.ectolab.org
Contato: ectolab@ectolab.org

EDITARES – Associação Internacional Editares
Fundação: 23/10/2004
Sede: Av. Felipe Wandscheer, 5.100, sala 107, Cognópolis
CEP: 85856-530, Foz do Iguaçu, Paraná, Brasil
Tel.: +55 (45) 2102-1407 – VOIP: +55 (45) 4053-953
Site: www.editares.org
Shopcons: www.shopcons.com.br (portal de compra de livros)
Contato: editares@editares.org

EVOLUCIN – Associação Internacional de Conscienciologia para Infância
Fundação: 09/07/2006
Sede: Av. Felipe Wandscheer, 5.100, sala 102, Cognópolis
CEP: 85856-530, Foz do Iguaçu, Paraná, Brasil
Tel.: +55 (45) 9909-6129
Site: www.evolucin.org
Contato: evolucin@gmail.com

IAC – ***International Academy of Consciousness***
Fundação: 28/10/2000
Campus IAC: EN18, Km 236 – Herdade da Marmeleira, 7100-300 Evoramonte, Portugal
Representação no Brasil: Av. Felipe Wandscheer, 5.100, sala 204, Cognópolis
CEP: 85856-530, Foz do Iguaçu, Paraná, Brasil
Tel.: +55 (45) 2102-1424
Site: www.iacworld.org
Contato: brasil@iacworld.org

IIPC – Instituto Internacional de Projeciologia e Conscienciologia
Fundação: 16/01/1988
Sede: Av. Felipe Wandscheer, 5.100, sala 103, Cognópolis
CEP: 85856-530, Foz do Iguaçu, Paraná, Brasil
Tel.: +55 (45) 2102-1448
Site: www.iipc.org.br
Contato: iipc@iipc.org.br
Campus de Pesquisas IIPC: Estrada do Universalismo, 1.177
CEP: 28997-970, Sampaio Correa, Saquarema, Rio de Janeiro, Brasil
Tel.: +55 (22) 2654-1186
Contato: campussaquarema@iipc.org

INTERCAMPI **– Associação Internacional dos Campi de Pesquisas da Conscienciologia**
Fundação: 23/07/2005
Sede: Av. Antonio Basílio, 3.006, sala 602, Lagoa Nova
CEP: 59056-005, Natal, Rio Grande do Norte, Brasil
Tel.: +55 (84) 3211-3126
Site: www.intercampi.org
Contato: intercampi@intercampi.org

OIC – Organização Internacional de Conscienciologia
Fundação: 06/09/2003
Campus OIC: Av. Felipe Wandscheer, 5.935, Cognópolis
CEP: 85856-530, Foz do Iguaçu, Paraná, Brasil
Tel.: +55 (45) 3025-1404 / 2102-1402
Site: www.oic.org.br
Contato: aco@oic.org.br

REAPRENDENTIA **– Associação Internacional de Parapedagogia e Reeducação Consciencial**
Fundação: 21/10/2007
Sede: Rua da Cosmoética, 1.511, Cognópolis, Caixa Postal 921
CEP: 85851-000, Foz do Iguaçu, Paraná, Brasil
Tel.: +55 (45) 3525-2652 – Fax: +55 (45) 3525-5511
Site: www.reaprendentia.org
Contato: contato@reaprendentia.org.br

RECONSCIENTIA **– Associação Internacional de Pesquisologia para Megaconscientização**
Fundação: 02/07/2011
Sede: Av. Felipe Wandscheer 5100, Sala 104, Cognópolis
CEP: 85856-530, Foz do Iguaçu, Paraná, Brasil
Tel.: +55 (45) 9993-2000
Contato: pesquisologia@gmail.com

UNICIN – União das Instituições Conscienciocêntricas Internacionais
Fundação: 22/01/2005
Sede: Av. Felipe Wandscheer, 5.100, sala 105, Cognópolis
CEP: 85856-530, Foz do Iguaçu, Paraná, Brasil
Tel.: +55 (45) 2102-1405
Site: www.unicin.org
Contato: unicin@unicin.org

UNIESCON – União Internacional de Escritores da Conscienciologia
Fundação: 23/11/2008
Sede: Av. Felipe Wandscheer, 5.100, sala 109, Cognópolis
CEP: 85856-530, Foz do Iguaçu, Paraná, Brasil
Site: www.uniescon.org
Contato: uniescon.ccci@gmail.com

Área de Pesquisa:

Parapercepciologia,
Especialidade da Conscienciologia.

Princípio da Descrença:

Não acredite em nada, nem mesmo nas informações expostas neste livro, o inteligente é fazer pesquisas pessoais sobre o tema.

EDITARES

www.ingramcontent.com/pod-product-compliance
Ingram Content Group UK Ltd.
Pitfield, Milton Keynes, MK11 3LW, UK
UKHW051912310826
14795UKWH00010B/217

9 788598 966526